KB108418

대한민국 대표
**스타트업 등장**을
기대한다

# 대한민국 대표 스타트업 등장을 기대한다

발행일      2017년 12월 20일

지은이      김 선 무
펴낸이      손 형 국
펴낸곳      (주)북랩
편집인      선일영                    편집    이종무, 권혁신, 오경진, 최예은, 오세은
디자인      이현수, 김민하, 한수희, 김윤주    제작    박기성, 황동현, 구성우
마케팅      김회란, 박진관, 김한결
출판등록    2004. 12. 1(제2012-000051호)
주소        서울시 금천구 가산디지털 1로 168, 우림라이온스밸리 B동 B113, 114호
홈페이지    www.book.co.kr
전화번호    (02)2026-5777                팩스    (02)2026-5747

ISBN      979-11-5987-907-4 03320 (종이책)    979-11-5987-908-1 05320 (전자책)

이념을 앞세운 규제는 이제 그만 정부는 기업에 힘을 실어줘야 한다
칼럼니스트 김선무의 문재인호 경제 진단

# 대한민국 대표 스타트업 등장을 기대한다

김선무 지음

최저임금 역대 최대 인상, 근로시간 단축, 연차 의무 사용,
노동이사제 도입 등 기업인에게 미 웃음을 빼앗는
새 정부의 노동 정책과 이념을 앞세운 규제들, 스타트업들이 판개하려면
이제 기업인에게 웃음을 주는 정책이 개방돼야 한다!

START UP

북랩 book Lab

2017년 2월부터 9월까지 코리아 아이티 타임스와 신문, 블로그에 게재되었던 글들을 모아 보았다.

비즈니스 칼럼니스트인 나에게 '딱딱한 경제 칼럼들을 어떻게 하면 독자들에게 쉽게 다가설 수 있을까'는 큰 관심사이다.

먼저 코리아 아이티 타임스의 정연수 편집장님, 연철웅 부장님, 전북중앙신문 강현민 대표, 북랩의 손형국 대표님에게 감사를 드린다. 이분들이 없었더라면 이 책은 나오지 않았을 것이다.

어머님과 가족들, 나의 친구들에게도 진심으로 감사드린다.

오랜 친구인 Robert Keeble, Francis Keh, Walter Wang에게도 감사드린다.

그리고 이 책을 나의 존경하는 아내에게 전하고 싶다.

2017년 11월 24일
싱가폴 스타벅스에서. 출장 중에

# 차례

# 150살 된 내 친구를 소개할게요

오늘날 시대의 변화는 진정으로 놀랍다. 기술, 세계화, 환경의 변화는 가속이 붙어 어디까지 진전될지 상상하기 어렵다. 어느 칼럼니스트의 말처럼 상상할 수 있는 모든 것이 실현될 수 있다.

개인의 힘과 컴퓨터와 기계 힘이 너무 커져 거의 신 같은 존재가 되고 있다.

지금의 사회(지구)는 한 사람이 거의 모든 사람을 죽일 수 있다.

동시에 모두가 협력한다면 거의 모든 질병을 치료할 수 있고 거의 모든 사람이 아주 오랫동안 살 수 있는 세계가 다가오고 있다.

우리는 페이스북, 트위터 등 SNS를 통해 지구 반대편의 사람과도 일상을 공유할 수 있으나 많은 사람들은 이러한 연결된 삶에서 오히려 '고립'과 '외로움'을 더욱 느낀다고 한다.

정말 역설적이다. 인류 역사상 기술적으로 가장 잘 연결된 사회에서 살면서 그 어느 때보다 고립감을 느낀다는 것 말이다.

이 시대의 가속화된 변화에 방향을 잡기 위해 그보다 더 빠른 속도로 뛰어가야 하는 '역동적인 안정성'을 확보하기 위해.

독일의 요하네스 구텐베르크가 유럽에서 인쇄술 혁명을 통해 종교개혁의 길을 닦은 후 지금까지 이토록 큰 변화는 없었다.

40년 전 초등학교 6학년(그때는 국민학교라고 했음) 때 나는 한 신문사 소년 기자였고 나는 기사를 전화로 신문사에 계시는 아저씨(그땐 어려서 그 아저씨가 어떤 직함인지 모름)에게 불러주면 나의 기사는 하루 이틀 뒤 보도되었다.

1991년 나는 대기업에 첫 직장을 얻었고 그때는 주 업무가 외국에 팩스 보내기였다. 몇몇 나라에서는 텔렉스로 의사소통했던 기억이 난다.

한참 후 이메일이 일상화되었지만, 한동안 팩스로 교신을 했다.

지금은 어떤가? 나는 요즘 아주 중요한 일이 아니면 이메일을 사용하지 않는다.

위챗(Wechat)으로 호주와 포르투갈, 베트남의 친구들과 연락을 하며 카카오톡으로 홍콩과 미국의 지인들과 연결되며 링크드 인 채팅창으로 이스라엘, 영국 비즈니스 친구들과 이야기한다. 스카이프(SKYPE)와 WhatsApp으로 비엔나와 밀라노와 그리스를 연결한다. 여러 다양한 서류까지도.

예전엔 모르는 것을 선배에게 물어보았지만, 지금은 대부분 구글링과 때때로 어바웃닷컴을 활용하면 대부분 궁금증이 해소된다.

다시 돌아가서 한 사람이 거의 모든 사람을 죽일 수 있는 위험한 사회인 동시에 모두가 협력하면 많이 오랜 시간 동안 높은 삶의 질을 유지할 수 있는 이 시대에서 필요한 것은 진정으로 무엇일까?

그것은 오랫동안 의사들이 약과 함께 처방해왔던 '사랑과 배려'이다.

이젠 이러한 사랑과 배려 아래 모두가 아름다운 세상을 만들기 위해 힘을 합쳐야 한다.

갈등보다는 화합을, 잔인한 영화도 있지만 아름다운 영화를 더욱 많이 보고, 무서운 그림보다는 아름다운 그림을 보자. 이것은 정말 중요하다.

산과 바다, 대자연도 아름답지만 나는 멋진 차, 멋진 가방, 예쁜 목걸이 때론 식당의 그릇도 아름답다.

보수든 진보든 우파든 좌파든 서로의 논리와 주장을 부분적으로 인내해주어야 할 때가 왔다.

용서하고 화해하지 않으면 그것은 다른 복수를 낳고 결국은 넘지 말아야 할 선들을 넘게 된다.

사랑과 배려는 모든 장소에서 우리가 가져야 할 덕목이다.

그리고 타인과의 경쟁이 아닌 스스로의 발전에 의미를 부여할 때가 도래했다. '남보다' 잘하는 것이 아닌 '전보다' 잘하는 것에 의미를 부여하는 자신의 성찰이 중요한 시대가 왔다.

다른 사람에게 "150년 된 내 친구를 소개할게요." 머지않은 미래다.

# 가속의 시대,
# 아날로그 감성 필요하다

　미국의 한 미래학자는 아직 70% 이상 미래의 직장은 만들어지지도 않았다고 했다. 미래에는 융합적이지 않은 직업은 상당수가 없어질 가능성이 있다.

　이미 어린 학생에게 '커서 무엇이 되겠냐'는 질문은 큰 의미가 없다. 대부분 현재의 직업이 없어질 수 있고 하고 싶은 직업을 만들어야 할 수 있기 때문이다.

　융합적이지 않은 한 우물을 파는 시대는 지나가고 있다. 이제 우물을 파려면 융합적으로 넓게 파야 한다.

　토머스 프리드먼은 이런 변화와 가속의 시대에 가장 좋은 방법은 옛날 방식처럼 한 사람이 한 사람을 돕는 것임을 발견했다고 한다.

　무어의 법칙 시대에서 서로에게 더욱 의지하게 되는 세상 그리고 역사상 가장 잘 연결된 사회에서 그 어느 때보다 고립감을 느끼는 역설적인 사회에서 우리는 살게 될 것 같다.

사랑과 배려가 중요하고 신뢰와 포용이 중요한 이유이고 아날로 그 감성과 자신을 사랑하는 것이 정말 중요한 세상이 오고 있다.

# 각자 다른 별에서 왔다

한국경제신문 11일의 사설에서는 '약자를 더 궁지로 내모는 소위 보호정책들'이라는 제목으로 법정 최고금리를 낮췄더니 15개월 만에 대부업체의 38%가 폐업하거나 신용대출을 중단했다는 대부금융협회장 인터뷰(한경 7월 11일 자 A9면)는 정부의 가격개입이 초래하는 부작용을 거듭 일깨워주고 있다. 법으로 보호하려는 약자 계층이 오히려 더 피해를 보는 '정부 개입의 역설'을 확인시켜 줬다고 한다.

'의도는 선해 보이지만 전혀 엉뚱한 결과를 초래하게 된다며 수없이 경고해도 선거 때면 가격 개입·통제라는 헛된 구호는 늘 되풀이된다. 새 정부 들어서도 치킨값이 공공요금처럼 되어 가고 있다. 가격고시제 등으로 원가 공개를 압박하고, 가격을 올리면 세무조사를 한다는 얘기까지 나왔다. 통신비를 끌어내릴 지속 가능한 방안은 경쟁 활성화뿐이라고 해도 귀를 기울이지 않는다'고 적고 있다.

국민일보 11일 자의 보도로는 최저임금위원회는 15일 마지막 회의인 11차 전원회의를 열고 내년도 최저임금 최종안을 결정한다. 10일 오후 열린 최저임금위원회 9차 전원회의에서도 노동계와 경영계는 최저임금 입장을 좁히지 못했다. 노동계는 시급 1만 원을 제시했고 경영계는 현 시급에 2.4% 인상안인 6,620원을 고수했다.

최종진 민주노총 위원장 직무대행은 "최저임금은 저임금 노동자, 미조직 노동자, 비정규직 노동자의 임금"이라며 "소득 격차와 불평등을 해소하고 지속 가능한 사회를 위해서 최저임금 1만 원이 반드시 필요하다"고 말했다.

11일 니혼게이자이 신문에 따르면 일본 정부는 업무 성과에 따라 임금을 받는 탈시간급제도를 포함한 노동기준법 개정안을 마련해 올가을 임시의회에서 통과시킬 방침이다.

탈시간급제도는 미국의 '화이트칼라 규제 예외(white collar exemption)' 정책을 본뜬 것이다. 연봉 1,075만 엔 이상 고소득 근로자를 대상으로 노동시간 규제에 예외를 두는 방식이다. 해당 근로자는 하루 여덟 시간, 주당 40시간의 노동시간 규제를 적용받지 않는다. 외환 딜러와 애널리스트, 컨설턴트, 의약품 개발자 등이 이 제도의 적용 대상이 될 것으로 예상된다.

여전히 '평생직장'이라는 개념이 적잖게 남아 있는 일본에선 연공서열에 기초한 획일적 임금체계를 운용하고 있는 기업이 많다. 중간급 이상 직원을 대상으로 성과 중심의 임금제를 시행하고 있는 미국과 유럽 기업에 비해 근로시간이라는 낡은 평가 기준만 가진 기업이 상당수다. 이렇다 보니 일본에서 주당 49시간 이상 일하는 근로자 비중(21.3%)은 미국(16.6%), 영국(12.5%), 독일(10.1%) 등 다른 주요 선진국에 비해 높다.

획일적인 임금제도는 근로자가 자유로운 업무 방식을 선택하거나 업무 재량을 확대하는 데 걸림돌로 지목됐다. 후진적 임금제도가 기업 생산성의 발목을 잡는다는 지적도 적지 않았다.

아베 신조(安倍晋三) 정부는 성장 전략을 추진하기 위해선 노동 유연성을 보장하는 게 시급한 과제라고 판단해 2015년 4월 탈시간급 제도 도입 등을 포함한 노동기준법 개정안을 의회에 제출했다. 하지만 야당과 노동계가 '잔업수당 제로(0) 법안', '과로사 촉진 법안'이라고 반발하면서 도입이 지연됐다. '탈 시간급제를 도입하면 장시간 근로를 조장할 수 있다'는 것이 주된 반대 이유였다.

# 간결함이
# 최고를 만든다

2013년 '인터내셔널 저널 오브 비즈니스 휴머니티스 앤드 테크놀로지'에 발표된 논문엔 인터넷 보급률이 높은 나라일수록 GDP도 높다는 상관관계를 밝혀냈다. 즉 정보통신기술 발전이 높을수록 GDP 수준도 높아진다는 것이다.

맥킨지는 세계화를 가늠하는 독자적인 척도를 만들었다. 이 지수는 각 나라가 글로벌 흐름에 참여한 것이었고 싱가포르가 1위를 차지하였고 네덜란드, 미국, 독일이 뒤를 이었다.

그러면 가난한 나라도 이러한 글로벌 흐름에 연결할 수 있을까? 나는 프리드먼과 인도공과대학의 학장인 프렘칼라와의 대화를 『늦어서 고마워』에서 다음과 같이 발견했다.

칼라는 인도공과대학에서 가장 가난한 인도 국민을 위한 글로벌 흐름을 연결하는 어려움을 극복하는데 전념하고 있었고 국민의 75%가 2

달러도 안 되는 돈으로 하루를 살아가는 나라에서 네트워크의 주된 선에서 각 가정으로 들어가는 부분을 가리키는 마지막마일(The last mile)에 전념했다.

구체적으로 이러한 노력의 일환으로 2009년 인도 정부에서는 하나의 도전과제를 내었고 칼라와 인도공과대학은 그것을 받아들였다.

그 과제는 꼭 필요한 것만 갖추고, 아이패드처럼 작동하며, 인터넷 접속이 가능하고, 무선으로 연결되는 태블릿을 만들되 인도의 가장 가난한 집에서 정부의 부분적 보조금으로 살 수 있는 아주 저렴한 기기를 만드는 것이었다.

**2011년 10월 매경닷컴에서 그 기사를 다음과 같이 보도했다.**

인도에서 '세계에서 가장 싼' 태블릿PC가 출시됐다. 로이터는 인도가 '아카시(Aakash)'라는 이름의 35달러짜리 학생용 태블릿 PC를 출시했다고 5일 보도했다. 아카시는 인도 통신교육부와 영국 데이터와인드가 2년여에 걸쳐 공동 개발했다.

인도 통신교육부는 시범적으로 10만대를 학생들에게 대당 35달러에 공급할 계획이다. 일반인을 위한 상업용 버전은 11월에 60달러에 출시할 예정이다.

안드로이드 2.2를 운영체제로 사용하는 아카시는 무게 350g으로 7인치 레지스티브 터치스크린을 채택하고 있다. 소형 배터리를 채택해

2~3시간 동안 사용할 수 있도록 제작했다.

카필 사이발 인도 통신교육부 장관은 "부자들은 디지털 세계에 접속하지만 가난한 사람과 보통 사람은 그럴 수 없다"며 "(세계에서 가장 싼) 아카시가 이러한 디지털 격차를 끝내게 될 것"이라고 설명했다.

인도는 컴퓨터 분야의 전문가를 다수 보유한 IT 강국으로 알려졌지만, 상당수 빈민과 중산층에게는 애플의 아이패드를 구매할 수 있는 능력이 없는 상황이다.

나는 이러한 인도 정부와 인도 대학들의 노력이 오늘날 세계 최대의 IT 인력을 배출하는 인도 힘의 바탕이 되었다고 생각한다.

비즈니스 칼럼니스트인 나는 많은 엔지니어 출신의 사장들을 만난다. 대부분 이들은 훌륭한 기술을 가지고 있고 나의 지인들은 이들을 "기술이 좋은 엔지니어 사장"이라고 소개한다.

나는 지인들에게 이야기한다.

내가 생각하는 기술이란 '100원짜리 제품을 50원에 만들 수 있는 것'

세계 최초란 수식어에 나는 가끔 부담감을 가진다. 이 오랜 세월 동안 아이디어의 모방 없는 세계 최초라는 것은 쉽지 않을 것이라는 생각에서이다.

사고의 대전환을 통해 과감히 필요한 부분의 나머지를 버린 그런 간결함의 제품이 필요한 시점이다.

# 건강한 일자리는
# 민간에서 창출된다

정부의 효율적인 일자리 정책은 어떤 것일까?

WEEKLY BIZ의 내용을 요약해 보면 다음과 같다. 출생아 수 70만 명 세대(1991~1995년생)는 직전 5년보다 연평균 8만 2,000명, 5년간 41만 명 더 많다. 70만 명 세대의 첫 일자리 찾기는 문재인 팀의 임기 내내 이어진다.

그간 일자리를 중요시하지 않은 정권은 없었다. 250만 개(노무현), 300만 개(이명박), 150만 개(박근혜) 등 일자리 수를 늘리겠다는 공약이 정권마다 이어졌지만 지켜지지 못했다.

일자리 위기의 심각성을 감안해 공공부문이 제 역할을 해야 한다는 것이 정부의 입장이지만 우선순위가 잘못 정해졌다는 지적이 나온다.

일자리 창출은 문재인 팀만의 고민이 아니다. 세계 각국의 지도자들도 일자리를 만들기 위해 사투를 벌이고 있다.

그러나 일자리를 만들기는 쉬운 것은 아니다. 트럼프 미국 대통령도 마찬가지다.

10년 내 2,500만 개의 일자리를 만든다는 공약을 내건 트럼프 대통령은 지난해 인디애나폴리스를 두 번이나 찾았다. 직원 1,400명의 냉동기 전문 업체 캐리어 공장의 해외 이전을 막기 위해서였다. 80억 원 세제 혜택을 당근으로 내 놓고 캐리어 경영진을 애국자로 치켜세웠지만 실패했다.

생산 비용을 고려한 캐리어는 지난달 감원을 시작했다. 올해 말까지 공장 직원 절반이 일자리를 잃게 된다.

근로자 수 1만9,000명으로 국내 26번째로 일자리가 많은 한국 GM의 철수설이 나왔다.

올해 10월 이후 한국 GM 지분의 77%를 가지고 있는 미국 본사가 지분을 팔거나 최악에는 공장을 폐쇄하거나 철수해도 저지할 방법이 없다.

GM 본사는 이미 유럽, 인도 등에서 단계적으로 철수를 준비하고 있고 한국 GM은 1분기 경영난으로 자본잠식 상태에 빠진 상태이다. 3년 누적적자가 약 3조 원에 이른다. 협력업체의 인원까지 합하면 30만 명+가족들이다.

문재인 팀은 공공부문 81만 개 증가, 2020년까지 최저임금 1만 원 달성 등을 목표로 세우고 일자리 창출을 자신하지만, 현실은 간단하지 않다.

늘어나는 공공 일자리 중 정부는 초등교사 6,300명 등 교사 1만 5,900명의 증원을 약속했다. 그러나 초등교사와 중등교사는 이미 포화 상태다.

비정규직의 정규직 전환 분위가 거세지고 있는 데다 내년 최저임금이 올해보다 16.4% 오르자 이미 신용카드사들은 인공지능으로 고객 문의에 응대하는 대화형 로봇 도입을 서두르고 있고 제조업을 중심으로 하는 기업의 사장들은 공장의 해외 이전을 검토하기 위해 동남아 출장 중이다.

정부의 효율적인 일자리 정책에 대해서 스티븐 무어 헤리티지 재단 석좌 연구원은 "자생적 일자리는 결국 민간에서 나온다"고 했다.

마틴 펠드스타인 미국 하버드대 교수는 "감세정책을 펼쳤던 정권들이 많은 일자리를 창출했다"며 정부의 증세 요구는 일자리 창출에 부정적이라고 했다.

졸트 디르 바스 벨기에 브뤼겔 연구소 선임연구원은 "고용 성장은 경제성장과 함께 이루어질 때 가장 이상적"이라고 했다.

"투자 없이 일자리는 없다"라고 말한 마크롱 프랑스 대통령도 법인세 최고세율을 33%에서 25%로 내릴 계획이다.

전문가들의 의견을 종합해 보면 정부 일자리 정책의 목표는 기업의 건전한 경쟁을 통한 기업들의 경쟁 장을 깔아주는 것이다. 그래야 비전과 목표를 가진 기업들이 생겨나고 부단한 혁신으로 일자리를 창출한다.

혁신을 거듭하여 지난 10년간 일자리 수를 25배 늘린 아마존이 좋은 예다.

튼튼한 일자리는 민간에서 나온다.
가장 기본적인 이야기다.

# 겨울 이른 아침
# 패션은 중요하다

겨울 이른 아침 패션은 중요하다. 대중교통을 이용할 땐 더 그렇다.

일어나 오랜 친구가 준 머그잔에 커피를 내리고 아침 신문의 경제면을 본다.

어머니가 주신 셔츠와 양말을 신고 선배가 선물해준 넥타이를 한다.

남색의 외투를 입고 형수님이 주신 목도리를 두르고 맑은 노란색의 이터너티(Eternity)를 입는다.

패션은 의미이고 가슴을 펴고 녹색의 버스를 기다린다.

나는 지금 오뜨꾸뛰르로 간다.

# 결국 종착점은
# 기본소득제다

4차 산업혁명 시대에서 기술의 발전은 일자리를 잠식하고 임금을 떨어뜨리는 시대에는 기본소득제가 필연적일 것 같다.

기본소득(Basic income)이란 국가가 소득, 재산, 취업 여부와 관계없이 모든 사회 구성원에게 일정액을 생활비로 지급하는 제도를 말한다.

『슈퍼 자본주의』의 저자이고 현재 UC 버클리 공공정책대학원 교수인 로버트 라이시는 얼마 전 블룸버그와의 인터뷰에서 "세계화와 기술혁신이 자본주의 발전에 필요하지만, 다수의 이익을 위한 것이 아니라면 반발이 생길 것이라며 빈부 격차 해소를 위해 기본소득 제도 도입이 필요하다"고 역설했다.

나는 나의 칼럼 '하나의 이유'에서 의견을 피력했다.

# 고립의 시대,
# 혼자 잘 노는 것이 필요하다

휴가다.

동네 카페. 서쪽 창가의 자리. 오래된 나무 탁자에 얼마 전 영국 국기 디자인 방석으로 바뀌었다.

10가지도 넘는 과일 주스를 만드느라 대형 업소용 믹서기는 쉬질 않는다. 오후에는.

이른 아침에는 아무도 오지 않을듯한 작고 조금은 허름하다.

나의 자리를 원하는 사람은 별로 없다.

전철을 타고 내가 가는 곳은 대형서점 안에 있는 CD 매장이다. 여러 장르의 음악을 찾다 보면 머리가 가벼워진다. 머리가 작아지는 것도 아닌데.

버스를 타고 4개 층 전체를 쓰는 가전매장에 간다.

제품들은 이제 고객의 깊은 감성까지 고려한 듯하다.
옷을 넣는 냉장고까지 있다. 팔릴까?

나라님이 하시는 도서관
조용해서 조심스럽다.
도서관이 조용한 건 당연하지만.

내가 사는 아파트의 벤치
더운 해가 넘어가는 저녁이나 장대비가 지나간 후 쉬어가기 참
좋은 곳이다.
자주 보는 꼬마가 이젠 아는 척을 한다. 항상 무엇인가를 타고
있다.

볕이 잘 스미는 테라스의 오른쪽 자리.
분주히 지나가는 사람들을 구경하기 좋다.

동네 대형서점의 앉아서 뭔가를 볼 수 있게 해주는 계단
아마존 같은 온라인 업체들 때문에 없어질까 걱정이 된다.
책은 서점에서 보고 주문은 온라인으로…:
나라도 그러지 말자.

가족들이 하는 동네 슈퍼.

얼마 전 근처에 대형마트가 생겨서 연일 1+1 그리고 스페셜 프로모션이다.

걸어서 돌아다니길 몇 시간. 날이 너무 덥다. 지구가 아픈 것이 맞다.

환경을 생각하는 녹색을 보고 들어간다. 스타벅스.

많이 시원하다. 먼저 에어컨을 발명해준 윌리스 캐리어(Carrier)에게 감사하고 역시 녹색으로 그린티 프라푸치노 약 450cal.

이왕 왔으니 생크림까지 얹어서…

내가 부러워하는 사람이 술을 잘 먹는 사람이다.

선천적으로 술을 못하는 나는 술자리가 별로 편하지 않다.

남자가 술을 못하는 건 한국 사회에서는 별로 환영받지 못하는 것 같다.

늦은 밤. 오늘은 휴가니 동네 편의점에서 맥주를 한번 먹어보자고 결심하고 골라본다.

미국, 독일, 벨기에, 일본, 중국 맥주까지 정말 다양한 맥주가 많다. 너무 많다보니 작은 국산 맥주를 골라 나온다.

벤치에 앉아 몇 모금 마셔본다. 시원하긴 한데 난 역시 술은…

# 국내 유통사업 한계 아시아로 출점하라

한창 다점포화로 치열했던 할인점 출점 경쟁이 사업 성장 한계에 봉착했다. 출점 가능 입지가 줄어들어 매출 증가가 한계에 다다른 상황이다. 오직 사업 확장을 위한 해외시장 출점만이 관건인 상황이다.

빅 3, 즉 이마트, 롯데마트, 테스코의 시장 분할에 코스트코와 멀리서 메가마켓이 이름을 올리는 상황이다.

롯데마트의 글로벌 유통업체로서의 행보를 주목해보자. 롯데마트는 한국의 매장보다 해외 매장을 더 많이 보유하고 있고 중국, 인도네시아, 베트남을 중심으로 국내 유통업체 중 가장 활발한 해외 사업을 벌이고 있다. 한국에 117개 매장, 해외 166개 매장을 가지고 있어 전체 할인점 점포 수에서는 1위를 고수하고 있다.

2007년 중국의 마크로, 2008년 인도네시아의 마크로, 2009년 중국의 TIMES를 연이어 인수함으로서 글로벌 유통업체로 자리매김을 시작하였고 향후 아시아의 1위 유통업체로 발돋움할 계획이라고 한다.

이마트도 중국의 15개 매장을 포함하여 165개 매장을 가지고 있는 국내 매장 수만 따지면 할인점으로는 한국에서 가장 많은 매장을 가지고 있다. 이마트는 1993년 출점 이후 24년 만에 처음으로 신규 출점을 하지 않는다.

까르푸, 월마트, 마크로 등 세계적인 대형마트 등이 실패하고 철수한 이래 국내 1위를 줄곧 지켜 왔으나 신규 매장을 내지 않는 이유는 온라인 시장 성장과 1인 가구 증가 등으로 할인점의 신장세가 정체되어 있고 출점 조건이 까다로워졌기 때문이다.

유통산업 발전법은 월 2회 의무 휴무와 전통시장 근처 1km 내에 출점 제한을 규정하고 있으며 의무 휴업을 월 4회로 늘리는 법 개정안도 최근 발의되었다.

홈플러스도 올해 출점 계획이 없고 롯데마트만 2개 점포 출점이 예정되어 있다고 한다.

국내의 할인점 업체들이 해외시장 진출로 성장 동력을 얻어야 하는 이유이다.

글로벌 유통업체 중 미국의 월마트는 약 6,000여 개, 프랑스의 까르푸는 5,000여 개, 영국의 테스코는 3,600여 개의 해외 진출 점포 수를 가지고 있고 롯데쇼핑이 50위권, 이마트가 140위권에 포진한 정도이다.

여기서 눈여겨봐야 할 점은 글로벌 유통업체의 국외 매출은 평균 약 24%이고 독일의 메트로는 국외 매출이 60% 이상이고 프랑스의 까르푸가 56%를 차지한다는 점이다.

글로벌 유통업체들은 선진국 내 내수 부진으로 성장성이 높은 신흥시장으로 일찌감치 진출했다.

한국유통업체의 경우 해외 진출 시 점포의 투자에 대한 손실의 두려움과 해외 글로벌 기업들과의 치열한 경쟁으로 진출 속도를 조절하고 있는 것 같다.

유통업체의 해외 진출은 단순 상품의 수출과는 다르고 한국경제에 긍정적인 영향을 미칠 수 있다. 상품 수가 많은 할인점은 더욱 긍정적인 영향이 크다.

먼저 해외 사업으로 인한 성장 동력으로 사업 확장성에 동기부여를 할 수 있고 한국 기업의 이미지가 제고되며 그 나라의 소중한 시장 정보가 축적되며 글로벌 소싱을 통한 내수 진작 효과가 나타난다.

심지어는 국내 유통 설비 기자재 업체에도 계속적인 사업 확장을 가능하게 한다.

물론 나라별 현지의 마케팅 능력, 매장 관리능력, 파견 인력 관리 능력, 글로벌 물류 능력 및 자산관리 및 현지 법규 및 세무적인 문제 등 넘어야 할 벽들이 있지만, 한국의 빅 3 업체들은 아시아 1위를 목표로 도전해 볼 가치가 있다. 할인점은 취급 품목 수만 15,000개에서 20,000개에 달한다.

현지화를 위해선 상품의 현지로컬 소싱도 중요하지만, 한류를 바탕으로 한 한국 제품(Made In Korea)을 아시아 매장에서 판매하는 콘셉트(Concept)로 매장을 전개하면 더욱 좋을 것 같다.

로컬 소싱에 의한 현지 제품 판매 시에는 다른 글로벌 업체 및 현지 유통업체와 차별화가 없고 결국은 현지 사정에 밝은 로컬업체가 우세할 것이기 때문이다. 마크로, 까르푸, 월마트 등의 한국 시장 철수가 좋은 예가 될 수 있다.

우리나라에서 코스트코(COSTCO)의 매력적인 상품군은 해외 출점 시 국내 빅 3에 좋은 예가 될 수 있을 것 같다.

아시아에서 메이드 인 코리아(Made In Korea) 상품의 첨병으로서 빅 3의 역할을 기대한다.

빅 3의 체계적인 유통 시스템은 이미 충분한 경쟁력이 있다. 또한, 메이드 인 코리아의 매력적인 상품들은 한류를 타고 빅 3에 의해 각국의 진열대에 디스플레이 될 준비가 되어 있다고 확신한다.

— 2017. 3. 17일 자 코리아 아이티 타임스

# 국적이 애매한
# 회사가 늘어난다

　버스 안에서 멋쟁이 아가씨가 이름 모를 작은 향수를 뿌린다.

　불가리, 버버리, 돌체 가바나, 샤넬, 페라가모, 베르사체, 몽블랑, 마크 제이콥스, 아르마니, 캘빈 클라인, 일본도 겐조, 이사이 미야케가 있는데 한국의 향수는 어디에도 없다.

　이젠 한국도 빈폴 향수, 젠틀몬스터 향수, 설화수 향수 정도는 나와 주어야 하지 않을까.

　물먹는 하마에 집중을 좀 덜 하더라도….

　걷다 보니 한동안 줄을 서서 먹었던 대만 왕 카스텔라 집이 보인다.

　부정적인 언론 보도 후 손님은 보이지 않았고 결국 몇 달 전 급하게 수제 식빵 집으로 바뀌었는데 장사가 그저 그런 것 같다.

이번 달 〈포브스(Forbes) 코리아〉에서는 커버 표지로 에어부산의 사장이 나왔다.

관광산업 확대로 성장하고 있는 한국의 저비용항공사(LCC) 회사 중 최근 3년간 영업이익률이 1위라고 한다.

며칠 전 대만의 한 저가 비행사에서는 오사카 왕복 항공 티켓을 5만 원에 인터넷으로 판매했다.

싸도 너무 싸다. 서울역에서 부산까지 KTX가 6만 원 정도로 기억되는데. 그것도 편도로. 세상은 때때로 이해 못 할 일들이 벌어진다.

일본 정부 관광국에서 항공비를 보조해주나?

그건 그렇다 치고 재미있는 건 에어아시아의 주주 구성이다.

아시아나 항공이 46%의 지분을 가지고 있고 부산광역시가 5%를 가지고 있다.

부산 롯데호텔도 4%를 가지고 있고 부산은행도 3%를 그리고 경남의 유통업체인 서원유통도 지분을 가지고 있다.

예전에 레노버(Lenovo)가 미국 회사인지 중국 회사인지 판단할 수 없었다.

2004년 IBM과 중국의 PC 회사인 레노버가 합작했을 당시에는….

위키백과를 찾아보니 중국 업체가 맞는 것 같다.

앞으로는 국적이 애매한 다국적기업이 점점 늘어날 것 같다.

세계의 장벽이 무너진 지금 우리나라도 영호남 등의 지방색 장벽이 무너졌다.

다지방적 기업 역시 늘어날 것 같다.

나쁘지 않다.

# 그녀의 탄핵 이유

박근혜 전 대통령이 법정에 출두했다.

그녀의 모습은 나에겐 예전보다 친근해 보인다.

왜일까?

나는 그녀가 사람들이 말하는 것처럼 돈에 그렇게 큰 욕심이 있을 거라 생각하지 않는다.

이번 일로 대한민국은 더 깨끗한 나라가 될 것이다.

떡을 만들다 보면 손에 떡고물이 묻는다.

이제 떡을 만질 때 비닐장갑이 필요하다는 것을 알게 됐다.

나는 그녀의 탄핵 이유에 조금 다른 생각을 한다.

그녀의 올림머리는 평범한 대한민국 여성들이 평생 몇 번 못 해 보는 머리다.

자신과 집안의 큰 행사 때 전문 미용사에게 큰 맘 먹고 하는 머리다.

그녀가 거의 매일 하던 '올림머리'

내가 생각하는 그녀의 탄핵 이유이다.

# 그린 산업 투자
# 늦지 않았다

중국이 전 세계의 신(新)에너지 자동차 시장에서 1위를 차지했다. 중국 업체가 신에너지 자동차를 제조하기 시작한 이래 총생산·판매가 50만 대를 넘어섰다.

신에너지 자동차의 판매 비중도 1%를 넘어섰고, 동력 배터리 및 핵심 부품을 국산화하고 주요 부품의 에너지 밀도가 2배가량 높아지고 원가는 절반으로 내려갔다고 한다. 중국은 환경오염이 심해서 정부 차원에서 신재생에너지에 집중 투자하고 있다. 중국은 세계 2위의 에너지 소비국이고 세계 3위의 에너지 수입국이다.

이미 2004년 에너지 중장기 발전 계획 요강을 마련했고, 에너지 절약에 대한 법 제정 및 환경친화적 에너지 생산 및 소비를 도모했다.

미국 캘리포니아에는 1978년 미래 에너지 정책에 중요하고 필요한 에너지 효율성에 관련된 표준을 제정한 'California Title 24 Energy Standard'가 있다. 새로운 주택과 상업용 빌딩의 에너지 효율성에 대한 내용이다. 캘리포니아는 미국에서 가장 높은 그린 에너지 표준을 가지고 있다.

이러한 이유로 캘리포니아는 2010년 그린 산업 최고의 회사들과 벤처기업들이 선호하는 지역이 됐다.

나는 환경론자는 아니다. 하지만 나는 연 시장 규모 1,200조 원의 그린 에너지 사업에 대해 말하고 싶다. 대부분의 대선 주자들은 일자리 창출을 자신한다. 청년 실업을 없애고 국민 통합을 하고 정치개혁을 하고 어떤 후보는 20년의 먹거리를 확보한다고 공약했다. 또 어떤 후보는 국내 분배 우선에 의한 정책으로 국민을 행복하게 해준다고 약속했다. 무엇을 가지고?

그린 에너지 산업의 시장규모는 미국의 월마트(Walmart)와 일본 도요타, 삼성전자와 애플사의 매출액을 합한 규모이다. 투자해야만 하는 사업이지만 당장 성과가 나지 않는 사업이고 미국과 중국처럼 장기적인 정책이 필요한 대규모의 사업이다.

이 사업을 정부의 지원 아래 대한민국의 대기업들이 투자해야만 한다. 대기업은 사회적 책임이 있다. 첫째는 계속적으로 고용을 창출해 청년들을 교육해 주어야 한다. 영세제조업체와 영세 유통업체의 상업 분야의 진출은 자제해야 한다. 한국의 그린 산업은 미국과 중국, 일본에 많이 뒤처져 있다.

몇십 년 뒤처져 있다고 생각하면 된다. 하지만 늦지 않다. 이건희 회장의 삼성전자 반도체 투자 결정은 1974년, 당시 한국은 미국과 일본에 27년 뒤처진 출발이었지만 반도체의 영향으로 삼성전자의 영업이익이 4분기에 9조 원을 넘어섰고 1분기엔 10조 원을 넘어선다고 한다.

리더의 바른 의사결정은 회사와 나라를 이롭게 한다.

— 2017. 3. 17일 자 코리아 아이티 타임스

# 기계로 할 수 없는 일이 우리가 할 일이다

구글의 핵심적인 엔지니어링 이사는 우리는 가속의 시대에 진입했고 주로 선형적인 변화에 바탕을 둔 사회의 모형들은 새롭게 정의되어야 한다고 했다.

기하급수적인 성장의 폭발력 때문에 21세기는 지금의 발전 속도로 따지면 2만 년의 진보와 비교될 수 있고 모든 조직들은 더 빠르게 스스로를 재정의해야 한다고 강조했다.

슈퍼노바 시대에 인간과 기계의 상관관계는 많은 의미를 갖는다. 의사와 왓슨을 예를 들어보면 가장 이상적인 관계는 상호의존되는 협업이다.

기계와의 협업? 아이러니하다. 많은 사람들은 의사들이 미래사회에서 사라질 수 있는 직업이라고 한다. 알파고와 이세돌의 경기 결과 후 방송에서 한 의사가 이제 다른 직업을 준비해야겠다고 농담

반 진담 반 인터뷰를 하던 기억이 난다.

만약 의사가 왓슨을 비서로 둔다면 치료에 많은 긍정적인 도움을 줄 수 있을 것 같다. 치료에 바쁜 의사는 새로운 의료지식 습득을 왓슨에게 부탁해도 되고 왓슨에게 최선의 치료 방법을 제안해 달라고 해도 된다.

그럼 의사는?
미래에는 기술 공감형 직업이 각광받게 되고 왓슨이 하기 힘든 일을 하면 된다.

그것은 환자에게 사랑과 배려를 베푸는 것이다.
손을 잡아주고 포옹해주는 의사의 모습이 내가 생각하는 미래의 의사이다.

미래에는 기계가 할 수 있는 기술 습득은 그 의미가 축소된다. 사람과 사람이 공감할 수 있는 '휴먼 스킨십'이 중요하다.

의사가 건네준 따뜻한 차 한 잔에 환자가 평안함을 느끼는 미래를 생각해 본다.

# 기업은 짐수레를 끄는 말이다

세계에서 가장 오래된 기업은 578년에 설립된 일본의 콘고 구미였다. 주로 건설업을 했다고 한다.

1288년에 설립된 핀란드의 제지업을 하는 스토라 엔고를 두 번째로 오래된 기업으로 보고 있다.

이탈리아의 와인과 올리브유를 취급하는 안티노리가 세 번째 기업이다. 1385년에 설립됐다.

코카콜라는 매일 전 세계 200여 개국에 약 13억 병의 콜라를 판매한다.

월마트(Walmart)는 매주 1억 3,800명이 방문한다.

스타벅스는 68개국에 2만 3천여 개의 매장을 운영한다. 매장 수는 매일 변한다.

1976년에 설립된 애플은 공장을 가지지 않고도 58조의 매출을 올린다.

삼성그룹은 1938년 삼성상회로 출발해 직원 수가 대략 26만 명이다.

43개의 재벌그룹의 직원은 대략 121만 명이다. 하청 협력까지 합하면 그 수는 참 많다.

기업가는 단순히 상인에서 벗어나 위대한 기업가로 태어나야 한다.

"어떤 사람은 기업을 총으로 쏴야 할 사냥감인 호랑이로 간주하고 어떤 사람은 우유를 얻을 수 있는 젖소로 생각한다. 하지만 기업은 무거운 짐수레를 끄는 말이다."

영국의 정치가 윈스턴 처칠의 말이다.

# 기업인들은
# 회사에 돌아갈 시간이다

12일 자 중앙시평에는 '우울한 세계 1위 삼성전자'라는 제목의 칼럼이 게재됐다.

사상 최대의 반도체 실적을 알리는 겨우 두 문장의 매출과 영업이익 추정치를 담은 내용이다.

지난 10년간 과감한 투자 결정으로 세계 1위를 쟁취했지만, 총수 부재의 위기에 향후 10년 후가 걱정된다는 내용이다.

모든 것에는 왜(Why)에 대한 이유가 있다.
한국의 기업인들은 좀 안타깝다. 대부분의 기업 총수들과 기업인들은 번갈아 가며 재판을 받고 구속되기도 한다.

나는 대기업들이 사회의 만형 노릇을 하기를 원한다.
많은 국내외의 경제학자들은 입을 모아 기업 성공의 핵심은 '사람'이라고 한다.

많은 석학들도 기술과 자금보다 기업의 가치와 성공은 '사람'에 있다고 역설한다.

나는 한국의 많은 스타트업 기업에 이러한 '사람'들이 모여있는 것을 본다.

대기업들이 만형으로써 이 귀중한 자산인 '사람'에 대한 투자에 나섰으면 한다.

이제 기업인들 일할 시간인 것 같다. 이들이 회사로 돌아갈 시간이다.

# 나에게 소중한 것들을 지키는 것

나에게 소중한 것을 지키기는 쉽지 않다. 특히 변하는 세상에서.

무어의 법칙에 따른 세계화의 가속화는 세상을 촘촘히 연결하고 슈퍼노바의 탄생은 네트워크화된 사회에서 오히려 인간의 고립화를 심화시킨다고 한다.

건강한 공동체를 수호해야 하는 사명감에도 혼술, 혼밥, 혼차를 하고 젊은 3포, 5포 세대들의 절망과 흐느낌은 우리 모두의 마음을 아프게 한다.

젊음은 사랑을 마셔야 한다는데….

디지털 트렌드가 영원할 것 같은 시대에 새로운 아날로그가 유행하고 기술의 혁신가들과 일찍이 그것을 경험하지 못한 젊은 세대가 편리하고 빠른 디지털 기술 대신 아날로그의 아이디어를 의

식적으로 선택하고 있다고 데이비드 색스는 그의 저서 『아날로그의 반격』에서 적고 있다.

아날로그는 물리적 사물과 경험이 사라지는 영역에서 손으로 만질 수 있는 소유하는 즐거움을 준다.

아침이 되면 나는 한 잔의 커피와 함께 아침신문을 손으로 넘긴다.

대부분의 신문을 인터넷판으로 노트북이나 스마트폰으로 볼 수 있지만, 나는 아침의 신문 넘기기가 하나의 즐거움이다.

신문에서 향기로운 냄새가 난다면 얼마나 좋을까….

휴일 대형서점의 바닥에 신문을 깔고 의미 있는 시간을 보낼 수 있고 걷는 것을 좋아하는 나에게 한 장의 신문과 잡지는 어느 곳일지라도 나에게 쉴 곳을 허락한다.

가끔 나는 A4 용지에 나의 칼럼을 손으로 직접 적는다.
연필로, 볼펜으로 때론 수성 사인펜으로.

명함첩의 종이 명함을 정리하는 것도 의미 있는 일이다.
요즘에는 좀처럼 보기 힘든 음악 CD를 보러 단골 매장을 방문

한다.

비록 나의 휴대폰은 내가 듣고 싶어 하는 음악을 24시간 대기 시켜 놓고 있지만.

오래된 매장용 청음기의 푹신한 헤드폰을 끼면 나는 20년 전의 분주했던 나로 돌아간다.

나는 시장과 오프라인 쇼핑도 즐긴다.
온라인 전자상거래 업체들이 결국은 미래에 시장을 지배하겠지만….

편의점과 슈퍼마켓, 카테고리 킬러 매장, 드럭스토어에서 맛보고, 만져보고, 들어보고, 흔들어 본다.

스프링이 달린 칼라 표지의 백지 노트는 항상 내가 갖고 싶어 하는 아이템이다.
나의 가방의 크기는 줄어들지만….

한 잔의 커피도 독일과 스위스 전자동 머신보다는 이태리의 반자동 머신에서 바리스타가 추출한 커피가 맛나 보이고 멋있어 보인다.
비록 4차 산업혁명은 독일의 손을 들어주고 있지만….

대형서점의 조용한 피아노 소리도 마음을 평안하게 한다.
악기가 없다면 세상은 덜 즐거울 것 같다.

거문고와 기타 소리는 많이 비슷하고 나는 오래전 센트럴 파크에
서 들었던 해금 소리가 생각난다.

# 당신
# 잠시 쉬어가도 돼요

오래전 일이다. 급한 약속에 가기 위해 택시를 탔다.
택시 안에서 미팅을 위해 작성한 노트와 책을 뒤지고 있었다.


"손님!" 택시 운전수 아저씨가 부르는 소리에 나는 아저씨를 바라
보았다.


"손님. 잠시 멈추시고 창밖을 봐요. 봄이 왔어요.
꽃들과 창밖의 풍경이 너무 아름답지 않아요?"


정말 창밖은 너무 아름다웠다.


가속의 시대에 많은 사람들이 많이 바쁘다.
바쁘다는 것이 능력이 있다는 오해(?)로 포장되어 우리는 뒤를 돌
아볼 시간이 없다.

세상은 우리의 미래에 불가능한 것은 없다고 외치고 있고 우리는 이러한 미래가 때론 불안하기도 하다.

휴대폰과 컴퓨터는 사람의 사색 시간을 점령해버렸고 SNS와 게임과 세상의 핫이슈(Hot Issue)들은 생각의 시간을 가져가 버리고 있다.

이제 우리에게 따뜻한 차 한 잔의 시간이 필요한 때다.
앉을 시간이 없다면 서서라도.

하늘에서 별이 중요하듯이 당신에게 가장 중요한 것은 당신이다.

나를 발견하는 것은 가장 중요하다.

고단한 당신.
잠시 쉬어가도 돼요.

# 대권 주자 자격
# 야전 사령관 수행해야

1970~80년대는 중동 국가 건설 붐이 대단했다. 넘쳐나는 오일 달러로 중동 국가들은 도로, 항만, 공항 등 사회 간접 자본에 아낌 없이 쏟아 부었다.

1975년 7억5천만 불이던 건설 수주액이 1980년 82억 달러로 10배 이상 늘었고 이 기간의 한국 외화 수입액의 83.5%가 이러한 오일 달러였다. 중동 파견 근로자 수도 20만 명에 달하기도 하였다. 이 귀중한 오일달러는 오늘의 대한민국을 성장하게 한 귀중한 시드 머니(SEED MONEY)가 되었다.

건설 공법 중 정주영 공법이 있다. 대형 유조선으로 조수를 막는 새로운 공법으로 당시 뉴스위크 지와 뉴욕 타임스에 소개된 공법이며 서산 간척지의 공기를 35개월을 단축한 공법이다. 물론 당시의 공사비가 280억 원 정도 절감되었다.

국내 건설사의 지난해 해외건설 수주가 전년 대비 반 토막 나면서 2007년 이후 최저 수주를 기록했다고 한다.

저유가의 중동 지역 침체에 기인하나 올해는 수주를 회복할 기미를 보이고 있다고 한다.

정유 플랜트 중심의 현재 중동 건설 참여 프로젝트는 613억 불이라고 하며 이란에서 수주 예정 소식이 들려오고 있다고 한다. 반가운 소식이다.

대림산업과 SK건설이 일본 컨소시엄을 누르고 3조 원의 수주 전쟁에서 승리했다. 터키 다르다넬스 해협의 세계 최장 현수교가 대한민국의 기술로 시공된다.

이번 수주전은 한국과 일본의 자존심 싸움으로 전개되었고 일본은 아베 신조 총리가 수주를 총지휘했고 한국은 대통령이 직무 정지 상태에서 국토교통부 건설정책국장이 터키를 방문하여 정부의 의지를 설명했다고 한다. 조만간 LOA를 받을 계획이라고 한다.

어려운 환경에서 이루어낸 소중한 성과에 나는 진정으로 박수를 보내고 싶다.

2006년부터 2015년까지 해외건설의 수주 총액은 대한민국의 5대

주요 수출품목을 상회한다. 해외건설 수주 총액은 5,260억 달러로 반도체, 자동차, 선박, 석유제품, 무선통신기기를 앞선다. 2015년의 경우만 저유가 기조로 반도체 수출액을 밑돌았다.

해외 대형 건설 공사 프로젝트는 알다시피 입찰 비즈니스다. 그동안 다져온 발주처와의 관계 인프라에 입찰 기간 발주처와 얼마나 긴밀한 관계를 구축하느냐가 관건이다.

각국의 대형 건설 프로젝트 발주처는 따로 발주기관이 있지만, 그 나라의 국왕이나 대통령, 수상, 총리 등이 의사 결정자다. 그러한 이유로 해외건설 대형 프로젝트의 경우 당연히 입찰에 참여하는 실제 '을'은 한국의 건설회사가 아니라 주식회사 대한민국이어야 한다.

대통령이 해외 대형 건설 프로젝트의 사령관이 되어야 하는 이유다. 대형 프로젝트의 경우 정부도 국내 건설사들을 지원하며 같이 호흡해 주어야 한다.

유럽(EU)의 국가 중에는 외교행낭으로 때론 중요한 샘플을 전달하며 그 나라의 상무관이 현지 유럽 회사를 보증하고 대리해서 에이전시 레터(AGENCY CERTIFICATE)를 발급해주며 기꺼이 리스크를 감수한다. 정부에서 눈여겨보아야 할 부분이다.

이러한 대형 프로젝트에서는 발주 국가의 의사 결정자의 숨소리 변화에도 귀 기울여야 하며 그들이 원하는 것이 어떤 것인가를 빠르게 파악해야 한다.

리더의 빠른 의사 결정과 국익에 부합된다고 판단되면 대통령이 국내 건설사를 구두로라도 보증해줘야 한다.

만약 국가 간의 외교 문제나 발주처와의 관계 악화로 인한 공사비의 수금이 어려울 때는 정부가 앞장서야 한다. 공사비는 바로 대한민국의 것이기 때문이다.

현재 중동 건설 참여업체들은 수익성 저하로 울상이다. 같은 국내 건설사끼리 과당 출혈 경쟁도 그 한 이유이다.

국내 업체들간의 과당경쟁으로 인한 수익성 저하를 막기 위해 정부의 기업 간 교통정리는 반드시 필요하다. 이것은 반드시 국익을 위한 프로세스로 진행되어야 한다.

올해는 중동 건설경기의 호조가 예상된다.
어떤 대권 주자가 대통령이 되더라도 해외 대형 건설 프로젝트에서 주식회사 대한민국 사령관의 임무 수행 의무를 반드시 기억해야만 할 것이다.

— 2017. 2. 27일 자 코리아 아이티 타임스

# 대기업은
# 협력업체와 같이 가라

미국 가전 시장에서 삼성전자가 1위, LG전자가 3위에 올랐다.

삼성전자는 2016년 미국 생활가전 시장에서 점유율 17.3%를 기록해 부동의 1위였던 미국 월풀(16.6%)을 제치고 처음으로 연간 점유율 1위를 차지했다.

이러한 성공에는 빠른 스피드와 기술력이 있었고 묵묵히 따라와 준 국내의 협력업체가 있었다. 특히 중국과의 가격경쟁에서의 승리가 아닌 프리미엄 가전 분야에서의 이룩한 성과여서 그 가치는 더욱 값지다.

지금 중국의 경쟁력 있는 단순 부품은 한국의 제품에 장착되고 가격으로 승부하는 제품에는 중국 부품으로 채워져 있다. 중국 부품으로 가득 채워진 제품은 조립만 한국에서 실행되어 '메이드 인 코리아'로 팔려나가는 경우도 허다하다.

이제 단순 부품의 생산과 가격경쟁으로는 세계시장에서 설 땅이 없다.

이미 중국의 거대한 공장 설비 규모는 한국 제품을 주눅들게 하고 있고 그들의 거대한 시장 규모는 신제품 개발의 리스크(Risk) 앞에서도 더욱 자신만만하다.

그들의 광대한 시장규모는 세계 첨단의 설비들을 갖추게 하는데 주저함 없게 한다.

현재 산업의 심각한 수직 구조화는 대한민국의 큰 숙제로 남아있다. 간단히 말하면 3차 부품업체 - 2차 부품업체 - 1차 부품업체 - 대기업의 수직 구조 시스템은 하청기업의 납품가 인하 압력으로 귀결되는 구조이기 때문이다.

지금 부품 하청업체들이 갑자기 대등한 수평적 구조가 된다고 해도 이들은 기술 발전할 수가 없다. 이미 이러한 공장은 대기업들에 맞는 하청 공장 시스템으로 세팅되어 있기 때문이다.

대기업이 하청 협력업체를 돌봐야 하는 이유이며 대기업이 협력업체와 같이 가야 하는 이유이다.

한국 대기업의 약진 뒤에는 묵묵히 따라와준 하청 협력업체들이 있었음을 기억해야 한다. 오늘의 미국 프리미엄 가전 시장의 1위 기쁨을 협력업체와 함께 나누어야 하는 이유이다.

대기업은 협력업체와 같이 가라.

— 2017. 2. 5일 자 전북중앙신문

# 로봇과의 동침

비정규직의 정규직 전환 분위가 거세지고 있는 데다 내년 최저임금이 올해보다 16.4% 오르자 신용카드사들은 인공지능으로 고객 문의에 응대하는 대화형 로봇 도입을 서두르고 있다.

디지털 타임스의 보도에 의하면 머지않은 미래, 우리는 서비스 로봇에게 음식점에서 음식 주문을 하고 서비스 로봇의 상품 설명을 듣고 물건을 구매하는 것이 '일상'이 될지도 모른다고 한다.

서비스 로봇은 산업용에 한정되어 있던 로봇을 다양한 분야로 확장한 형태이다. 호주의 투자은행(IB) 맥쿼리에 따르면 세계 서비스 로봇 시장은 연평균 32% 성장해 2025년엔 114조 1,500억 원 규모에 이를 것으로 전망된다. 맥쿼리의 추정이 맞는다면, 2025년 로봇 시장은 전체 PC 시장 규모와 필적하게 된다.

맥쿼리는 전문 서비스 로봇 시장에서도 물류·의류·접객·음식 배

달 로봇이 매출과 출하 대수 기준에서 앞으로 가장 유망하리라 전망했다. 물론 이 밖에도 농업·군사·소매·외골격 로봇을 지칭하는 특수 분야 로봇 시장도 폭발적인 성장세가 기대된다고 한다.

물류 로봇은 물류센터 창고에서 사용되는 로봇으로 대표적인 제품은 아마존 로보틱스의 '키바'다. 실제 아마존은 현재 13개 자사 물류센터에 로봇을 도입해 운영비용을 20%나 절감했다.

물류업계에선 이러한 아마존의 성장을 보고 회사마다 물류 로봇 개발에 전념, 물류 로봇 시장 성장을 촉발하고 있다.

물류 로봇이 전문 서비스 로봇 중 가장 큰 시장을 형성할 것으로 기대된다면, 접객·안내 로봇은 현재 전문 서비스 로봇 시장에서 판매 대수가 가장 많은 로봇으로 주목받고 있다.

접객 로봇이란 매장이나 기관 등을 방문하는 고객에게 사람을 대신해 정보를 제공하거나 길 안내, 주문 접수, 외국어 대응 등의 서비스를 제공하는 로봇으로 일본 소프트뱅크 페퍼가 대중화시켰다.

정보통신기술진흥센터에 따르면 세계 접객 로봇 시장은 올해 1조5,981억 원, 판매량 7만5,000대에서 2025년엔 13조4,697억 원, 판매량 91만 대로 84배 성장할 것으로 전망된다.

한편 조선비즈에서는 산업용 로봇 관련 다음과 같은 내용을 보도했다.

중국의 로봇 산업 발전이 세계 경제에 영향을 미칠 것이라는 전망이 나왔다. 블룸버그는 22일(현지시각) 보고서를 인용해 "중국의 로봇 혁명에 중국인들의 임금이 줄지 않았지만, 세계 경제에 영향을 미칠 수 있다"라고 밝혔다.

중국의 지난해 로봇 출하량은 27% 증가한 9만 대를 기록했다. 전 세계 로봇 총량의 3분의 1이다. 국제로봇 연맹은 2019년에는 2배가 늘어난 16만 대를 기록할 것이라고 예상했다.

블룸버그는 "자동화로 생산성이 향상되고, 수출 경쟁력이 증대될 수 있다"면서도 "로봇의 사용은 소득 불평등을 심화시켜 중국인들의 소비가 줄어들 수 있다"고 전했다. 이코노미스트들은 중국뿐만 아니라 전 세계에서 이런 현상이 나타날 수 있다고 내다봤다.

블룸버그 인텔리전스는 "중국 로봇 시장에 진출해있는 일본의 로봇 제조업체 화낙(FANUC)이나 야스카와전기와의 경쟁이 심화될 것"이라고 전했다.

로봇 시장의 향후 시장을 분석해볼 때 한국 기업도 어떤 형태로든 진입이 필요하다. 해외 특권적 자산의 로봇 제조 업체 인수도 그 한 방법이 될 것 같다.

이제 로봇과의 동침은 먼 이야기가 아니다.

# 모든 사업은
# 진화한다

세계화를 단지 유형의 상품과 서비스 교역, 금융거래로 단정하던 시대는 지나가고 있다. 세계화는 개인과의 모든 연결을 의미한다. 세계화는 지금 가속이 붙어 눈덩이처럼 커지고 있다.

맥킨지 보고서는 모든 도구가 확대되면서 국경을 넘는 비용이 계속 낮아지고 있으며 처음부터 세계를 무대로 하는 사업이 가능해졌다고 한다.

맥킨지는 페이스북에서 활동하는 소규모 사업체가 2016년 5,000만 개로 늘어났으며 이는 2년 전의 2배라고 밝혔다.

중국의 알리바바는 그 플랫폼을 통해서 판매하는 중소기업들이 1,000만 개 있다고 한다.

그리고 아마존에는 그런 소기업이 200만 개가 있다.

이제는 전 세계는 약 9억 명이 소셜미디어에서 연결되고 있으며 3억6천만 명은 국제 전자 상거래에 참여하고 있다.

구글은 검색엔진으로 시작해 지금은 자동차 회사와 가정용 에너지관리 시스템 업체가 되고 있다.

애플은 컴퓨터 제조업체이지만, 이제 가장 큰 음원 판매 업체로 부상했고 자동차 산업에 진입하고 있으며 동시에 애플 페이(APPLE PAY)를 통해 은행이 되고 있다.

소매업체인 아마존은 갑자기 나타나 클라우딩 컴퓨터 분야에서 IBM과 HP를 추월하려 하고 있다.

IBM과 HP는 아마존을 경쟁자로 여기지 않았지만, 아마존은 자신의 사업을 하려면 클라우드 컴퓨팅 역량이 더 많이 필요하고 클라우드 컴퓨팅을 하나의 사업으로 키우기로 결정했다.

이제 아마존은 할리우드 스튜디오이기도 하다.

2016년 CNN 머니는 골든글러브상 시상식에 관한 기사를 이렇게 시작했다고 한다.

'아마존과 제프 베저스에게 고맙다'라고 가속 시대의 낙관적인 안내서

'늦어서 고마워'는 적고 있다.

2015년 보스턴 컨설팅 그룹은 모바일 혁명의 연구 보고서를 발표했다. 사람들이 모바일 전화를 얼마나 좋아하는지 알아보기 위해 보스턴 컨설팅은 한국과 미국, 독일, 브라질, 중국, 인도 사람들에게 물었다.

질문 중 하나는 '휴대폰과 육체적 관계 중 하나를 1년 동안 포기해야 한다면 무엇을 선택하겠는가?'란 질문에 한국 사람 60%가 육체적 관계를 포기하고 휴대폰을 선택했다고 한다. 6개국 중 1위였다고 한다.

미국의 한 회사의 목표는 변호사를 쓸모없는 것으로 만드는 것으로 사람들이 변호사 도움이 필요 없는 소프트웨어 애플리케이션을 만들고 있다.

구글의 혁신 실험실인 구글 X에서는 수년 전부터 이미 운전자가 없는 렉서스 시승 차를 방문자가 시승하도록 해주고 있다. 사각지대가 없는 이 자율 주행차는 인간이 운전하는 차보다 더 안전하다.

기술 발전의 가속화는 세계화, 환경 파괴 등 많은 사람들이 통제력을 잃었다고 느껴 본능적으로 잘못된 행동을 하려는 유혹에 거의 저항할 수 없게 된다고 프리드먼은 얘기하고 있다.

언제나 배려와 사랑의 공동체를 상상하는 노력만이 무어의 법칙 속에서 우리를 지킬 수 있는 가장 강한 방법이다.

# 무엇에서
# 어떻게로

포스코 ICT가 국내 최초로 해외 스마트시티 구축에 나선다고 한다.

스마트시티는 교통, 에너지, 빌딩 등 도시를 구성하는 주요 기능에 사물인터넷과 빅데이터, 인공지능 등 ICT 기술을 적용하여 생활의 편의성과 도시의 효율성을 높이는 것을 말한다.

4차 산업혁명에서 중요한 키워드는 스마트(SMART)다. 즉 기술의 발전은 '분석하고 예견하며 결정한다.' 어린이나 학생들에게 '커서 무엇이 되고 싶냐'는 질문은 이제 무의미하다. 무엇이라는 직업 자체가 없어질 수 있다.

이제는 무엇(WHAT)이 아닌 '어떻게(HOW)'라는 질문이 필요하다. 단순 작동과 운행 및 실행 기술의 배움도 의미가 대폭 축소된다. 운전, 부분적 운전, 부분적 등의 배움의 시간을 줄이고 자기 자신을 공부해야 한다.

운전기사, 회계사, 법조인은 물론이고 건축설계자와 인테리어 디자이너도 안심할 수 없다.

물론 현재 칼럼을 쓰고 있는 칼럼니스트도 예외는 아니다.

바람직한 리더의 정의도 변한다.

시대는 강한 지도자를 필요로 하기보다는 사회 구성원에게 동기부여와 긍정적 영감(Inspration)을 주고 국민을 강하게 해줄 수 있는 지도자를 필요로 한다.

중요한 것은 모든 일에 배려와 사랑을 더해야 한다. 그리고 자기 자신을 사랑하는 일은 많이 중요하다.

# 무제

나는 돈 이야기를 주로 하는 비즈니스 칼럼니스트다.
적당한 나이에 하고 싶은 일을 찾았다.

오늘은 목요일. 내가 좋아하는 칼럼니스트의 글을 읽을 수 있는
날이다. 양복 주머니에 신문을 온종일 넣고 다니다 늦은 시간에
단골 커피숍에서 겨우 읽었다.

오늘은 일어나서 돈 이야기 하지 말아야겠다고 생각한다.
그런데 참 쉽지 않다. 80%가 돈 이야기를 한다는데…

프린스와 서태지와 지드래곤 중에 누가 더 천재일까?

〈스미스소니언〉, 〈뉴요커〉 중에 어느 잡지 표지를 나는 더 좋
아할까?

음악에 전문지식이 없는 나에겐 정말 어려운 일이다. '무제'를 듣고 나는 지드래곤을 선택했고 할아버지에게 선물 받았던 〈스미스소니언〉을 한 권 샀다.

# 문재인 팀, 글로벌 보호무역주의 해법 찾아야 한다

문재인 정부에서는 전 세계적으로 확산되고 있는 보호무역주의 대응 체제 강화가 대두되고 있다.

미국 퍼스트를 내세우는 트럼프 대통령의 재정, 통상, 산업 및 통상 정책은 그 내용에 따라 달러 환율에 상반된 영향을 미칠 것으로 보여 향후 정책을 시행하는 과정에서 환율의 변동성이 확대될 것으로 보인다. 특히 트럼프 행정부가 추진하는 미국의 제조업 부흥과 수출 경쟁력 확보 등을 위해서는 달러 약세가 필요하다는 점에서 환율 조작 국가 지정과 같은 정책을 단행할 가능성도 배제할 수 없다.

급변하고 있는 경제 환경이 수입규제, 비관세장벽 등 해외의 보호무역조치 등과 맞물려 불확실성을 높이고 있다.

최근 유럽연합(EU)이 세계화 불평등으로 득세한 포퓰리스트들의 위협을 막기 위해 무역규정을 강화할 계획이라고 한다. 미국 국제무역위원회(ITC)는 얼마 전 한국 등 8개국의 탄소합금 후판에 대한 반덤핑 관세 부과 최종 판결을 내렸다.

전국경제인연합회(전경련) 관계자는 "경제가 안팎으로 쉽지 않다. 구조적 저성장 국면에서 소비와 투자 등 민간 부문이 위축됐고, 청년실업률은 매월 최고치를 경신하고 있다"며 "밖으로는 한미 FTA 재협상 등 트럼프발 보호무역주의가 수출 비중이 높은 우리 경제에 큰 걸림돌이 될 전망"이라고 우려했다.

트럼프 미국 정부는 '자국 우선주의'를 내세우며 보호무역 행보를 이어가고 있는 가운데 최근에는 한미 자유무역협정(FTA) 재협상을 추진하겠다는 입장을 드러낸 바 있다.

코트라(KOTRA)가 내놓은 '트럼프 취임 100일과 미 통상·경제정책 평가 및 주요국 대응 현황' 보고서에 따르면 미국 보호무역주의로 인해 산업별 수입규제는 크게 증가할 전망이다.

미국은 대한 무역적자 규모와 고용 유발 효과가 큰 자동차, 철강, 전기, 전자 산업 위주로 통상 압박을 가할 가능성이 높다. 현재 유럽 및 북미 국가는 미국의 통상 압박에 대해 강경 기조로 대응하고 있다.

유럽연합(EU)과 독일은 미국이 수입 관세나 국경 조정세를 도입하면 세계무역기구(WTO) 제소 등 강력한 대응을 하겠다고 경고한 상황이다. 멕시코는 자국 이해 침해 시 북미자유무역협정(NAFTA) 탈퇴 및 대미 수입품 관세 부과 방안을 내놨다.

우리나라 재계 관계자는 "한미 FTA 재협상은 수출에 큰 타격을 입을 수 있어서 이에 대한 준비와 해법이 필요하다"며 "기업 경영 환경에 중요한 환율, 유가, 금리 등의 변동성이 커지고 있어 리스크는 더욱 커질 것"이라고 강조했다.

그러면서 "새 정부는 활발한 경제 교류를 통해 미국 등 주요국과 통상적으로 긴밀한 관계를 구축, 보호무역주의와 자국 우선주의 흐름에 적극 대응해야 한다"며 "글로벌 보호 무역 주의와 고립주의 파고를 넘어 최상의 결과를 가져올 수 있도록 문재인 정부가 적극 노력해야 한다"고 강조했다.

— 2017. 5. 14일 자 코리아 아이티 타임스

# 문재인 팀,
# 순서가 바뀌었다

이제 문재인 팀이 운전대를 잡은 지 100일이 지났다. 지지율은 70~80%대로 김영삼 팀 이후의 최고의 지지율이다.

최저임금 인상에 대해 대한민국 국민은 반대하는 사람이 거의 없을 것이다. 편의점에서 졸면서 야간 일을 하는 아르바이트생에게, 바쁘게 달리는 오토바이 배달원에게, 공장의 아주머니 근로자에게 20,000원의 최저임금을 준다고 누가 싫어하겠는가? 모두가 원하는 유토피아이고 우리의 진정한 바람이다.

바라는 것은 고용을 창출해야 하는 기업가와 영세상인들에 대한 배려이다. 직접 편의점과 식당과 중소기업, 특히 제조업체 사장들의 소리를 들어볼 필요도 있다. 이들의 처지도 들어 보아야 한다.

여기서 문재인 팀이 주창하는 '천천히 가는'이 필요한 시점이다.

문재인 케어(건강보험 보장성 확대), 의도는 좋다.

그런데 문재인 팀은 일주일 사이에 83조 원을 썼다(5년간 비용).

내년 7월부터 아동수당 1인당 월 10만 원 지급.

소득 하위 70% 노인 월 20만 원 기초연금 월 25만 원으로 늘리기.

여기 추가예산은 아동비 수당 13조 4천억 원, 기초연금 29조 5천억, 문재인 케어 30조 6천억, 기초 생활 보장 수급자 확대에 5년간 9조 5천억. 1주일새 어림잡아 83조 원이다. 앞으로도 몇백조 정도는 쉽게 쓸 생각인 것 같다.

돈을 쓰고 선심을 쓰는 것은 누구나 할 수 있는 일이다.

하지만 돈을 벌어오는 것은 쉽지 않다.

잘못하면 철없는 가장이 될 수도 있다.

하고자 하는 의지는 좋아 보이지만 순서가 바뀌지 않았는지 검토가 필요한 시점이다.

# 미국 FTA 개정요구 경제 관점으로 접근하면 어렵다

　미국 정부가 한미 자유무역협정(FTA)을 개정하기 위한 특별 공동 위원회를 다음 달 소집하자고 한국 정부에 공식 요청했다.

　한국은 정부조직법 미비로 통상교섭본부장이 아직 임명되지 않았다.

　미국의 급작스러운 요청에 한국이 시간을 벌 수 있는 명분이다.

　미국과 개정 논의가 본격화될 경우 트럼프 미 대통령이 한국과의 무역에 많은 무역적자를 냈다며 지적한 자동차와 철강이 미국이 벼르는 개정 요구 품목이다.

　한국은 미국 자동차 수입액의 9배를 수출했다. 하지만 이는 미국 자동차의 선호도가 떨어지기 때문이며 비관세 장벽 때문은 아니다.

철강 또한 우회덤핑이 최대 이슈이지만 실제로는 기본적으로 세계 공급과잉이 문제다.

재협상이 이뤄지면 한국에서는 서비스 분야 한국의 143억 달러 적자를 이슈화해야 한다.

서비스 수지는 2011년 109억 달러 적자에서 지난해 143억 달러 적자로 악화됐다.

그리고 미국은 법률시장 개방, 미디어 산업 외국 지분 투자 허용 등의 5~6개 정도의 시장 개방을 요구할 수 있다. 한국은 1~2개 정도 받아 주어야 할 준비를 하며 무엇을 미국으로부터 얻어 낼 수 있을까를 심각하게 고민해야 한다.

문재인 팀(Team)이 이번 미국의 FTA 개정 요구를 경제적 관점으로 접근한다면 고난이 예상된다.

트럼프 행정부가 출범 이후 한미 FTA를 4월까지 언급 안 하다가 사드 논란을 계기로 공세를 강화하고 있다는 것에 주목해야 한다.

산업부 통상 정책국장이 꼭 FTA 협정문을 개정하거나 수정하는 과정을 거치지 않더라도 양국의 이익 균형 문제 해결 정책을 찾을 수 있다는 발언에 수긍이 간다.

미국의 한미 FTA 개정 요구를 경제 관점으로 풀려고 하면 답이 어려워진다.

# 미래에
# 직업 평균은 없다

세계적인 미래학자이자 다빈치 연구소를 설립한 토머스 프레이 (Thomas Frey)는 2030년까지 20억 개의 직업이 사라질 것이라고 예언했다. 프레이는 최근 그의 블로그에서 미래의 162개의 새로운 직업을 전망했다.

첫째는 물 수확 산업(Water Haevesters)이다.
지구촌 최대의 과제인 물 부족 해결 대안으로 지금의 제습기 같은 기술로 대기 중 수분을 식수로 만드는 기술이다.

이 산업은 시스템 설계자, 물 정화 모니터 전문가, 영향 평가자와 물 수확 최적지 임대관리자 등 다수의 직업을 탄생시킨다.

둘째는 3D 프린팅 산업이다.
와이어드(Wired)의 편집장인 크리스 앤더슨은 인터넷보다 3D 프린팅 산업이 더 커진다고 했다.

이 사업은 부품 가격 측정가(Cost Estimator) 및 3D 프린팅 디자이너, 3D 프린팅 잉크 개발자 등 다수의 새로운 직업을 탄생시킬 수 있다.

셋째는 자아 정량화 산업(The quantified self)이다.
인터넷에 연결된 사물은 현재 100억 개가 넘고 2020년엔 500억 개로 늘어난다.

사람의 적성에 잘 맞는 기술을 알려주는 스킬 측정자, 데이터 산출가, 결핍 분석가 등 자신의 데이터를 통한 새로운 직업군이 태어난다.

그리고 새로운 개인 고속 수송 시스템의 발달로 교통체증 흐름 분석가, 충격 최소 전문가 등을 포함한 많은 직업이 생겨나고 빅데이터 전문가가 유망한 직업일 것이라는 예상대로 앞으로 소셜미디어, 블로그, 웹, 기업의 보안사항을 안전하게 보관하고 통제하고 분석하는 많은 직업들이 늘어날 것이라 한다.

지금 지구 상의 가장 강력한 세 가지 즉 기술, 세계화, 기후 변화는 동시에 가속화되고 있다.

프리드먼은 페이스북, 페이팔, 알리바바, 트위터, 아마존, 무크와 클라우드 컴퓨팅으로 디지털 세계화의 가속화를 느낄 수 있고 기후 변화, 생물의 다양성 훼손, 인구 증가의 가속화와 더불어 마이크로 칩의 속도와 힘이 2년 만에 2배로 불어난다는 무어의 법칙은 끊임없는 기술의 발전을 상징한다고 한다.

특히 무어의 법칙에서 말하는 계속 2배로 불어나는 '무서운 가속도'는 이 세 가지 변화를 주도하고 있다.

10년 전 아이폰이 출시되고 페이스북이 세계로 퍼지고, 트위터, 킨들, 안드로이드, 깃허브, 하둡, 체인지가 나오고 에어비앤비와 IBM 왓슨이 만들어지고 인간의 수명을 엄청나게 연장할 수 있는 인체 게놈 염기서열 분석비용이 급격히 떨어지고 클라우드 컴퓨팅이 시작되고 태양광 발전이 날개를 달고 구글이 유튜브를 인수하고 인텔이 무어의 법칙 존속을 위해 마이크로 칩에 비실리콘 소재를 도입했다고 적고 있다.

그는 여러 갈래의 가속화가 세계를 조금 달라지게 하는 것이 아니라 완전히 뒤바꿔놓고 있다고 주장한다. 한마디로 평균의 시대는 끝났다는 것이다.

모든 중산층의 일자리는 위협받고 있고 그 일들은 갈수록 융합되어 일의 수준이 높아질 것이며 더 많은 기술과 인간적인 접촉이 요구되고 있다. 또한, 현재의 기술은 어느 때보다 빨리 쓸모없어지고 낡은 것이 된다.

무어의 법칙이 내가 6개월 전 쓴 칼럼 내용의 업데이트를 요구하도록 이끌어냈다. 미래에는 블로그와 같이 접근성이 쉬운 미디어 툴이 각광받는 시대가 될 것 같다.

프리드먼은 또 이렇게 달라진 세상에 가장 좋은 일자리는 '공감형 기술직'이라고 한다. 이는 STEM(과학, 기술, 공학, 수학) 능력과 인간의 오래된 공감(Empathy) 능력을 결합하는 일이다.

이러한 새로운 직업과 가속화된 변화에서 우리가 중요시해야 되는 것은 사랑과 배려가 있는 건강한 공동체의 유지이고 우리의 아름다운 세상을 수호하는 것이다.

더욱 빨라지고 가속화되는 세계에서 사람과의 상호 노력을 통한 신뢰와 아름다움이 있을 때 우리 사회는 더욱 건강해질 수 있다.

두려워하지 말고 전진해야 한다.

# 불황인 지금,
# 대기업은 투자에 나서라

얼마 전 SK 그룹이 기업 경쟁력 확보를 위해 역대 최고의 투자계획을 발표했다.

총 투자 금액은 17조 원으로 11조 원이 국내 시설에 투자된다고 했다. 차질 없이 실행될 경우 역대 최대 규모에 해당된다.

최태원 회장은 기업의 핵심 경쟁력은 지속적인 투자와 채용이어야 하며 국내외 환경이 불확실할수록 투자와 고용 창출에 적극적으로 나서 경쟁력 확보를 통해 행복을 사회와 공유해야 한다고 강조했다. 최 회장의 이러한 기업가 정신은 존경받을만한 가치가 있다.

불확실한 경제 상황에서 지속적인 고용 창출은 대기업만이 할 수 있는 일이다. SK의 주요 사업이 에너지와 반도체다. 중소기업은 하기 힘든 분야이다.

LG화학도 전지 부문의 매출 본격화로 매출 20조 원과 2조 원 가까운 영업 이익을 기록했다. 투자에 대한 당연한 보답이라고 생각된다.

한화가 그동안 골칫거리라고 생각했던 태양광 사업이 작년 미국 2위 전력업체와 계약하여 효자 사업이 됐다. 전 세계 태양광 발전 설비 공급계약 사상 최대 규모다. 해외 인수합병을 통한 선제 투자와 그룹 내 합병을 통한 대형화, 진입 장벽이 높은 미국 시장 진출이 주요 성공 요인이다. 충북 진천의 태양광 설비 생산공장은 전력량으로 약 50만 가구가 1년간 사용할 수 있는 전력량이다.

한화는 2010년 사업 시작 후 독일의 태양광 기업과 중국의 태양광 기업을 인수했다. 태양광 사업은 공급 과잉이었고 불황 때문에 국제경쟁력을 가지고 있는 이 회사들을 싼값에 인수할 수 있었다.

최근 세계적인 불황과 경기 침체가 지속되지만, 지금이 바로 대기업들이 투자할 기회다.

원천기술을 보유한 회사로서 미래 먹거리를 창출하는 세계적인 회사를 인수 합병하고, 국내 유망 중소 벤처기업에 투자해야 할 것이다.

미국과 일본 기업들이 한국의 중소 벤처 기업들을 노리고 있다.

구글과 인텔은 한국의 유망 중소기업에 계속적인 투자 기회를 찾고 있고, 퀄컴은 상당한 금액을 국내 스타트업 기업(Startup Company)에 투자할 계획을 하고 있다. 한국의 대기업들이 본받아야 할 대목이다.

국내 몇몇 대기업이 이러한 기업 주도형 벤처 캐피털에 대한 관심을 보이고는 있지만, 투자 사례가 적고 성공사례가 별로 없다.

몇 년 전 LG생활건강이 일본의 한 화장품 회사를 인수했다. 노화를 방지하는 천연 화장품 회사라고 한다.

일본의 자존심인 샤프가 대만 홍하이 그룹(폭스콘)에 팔렸다. 일본의 대형 전자 업체가 외국 기업에 팔린 것은 샤프가 사상 처음이다. 일본 국민들에겐 자존심이 상하는 문제다.

대만의 폭스콘은 세계 최대의 주문자 위탁 생산 기업이다.

우리에게는 애플의 아이폰, 아이패드를 생산하는 업체로만 알려졌지만, 대부분의 가전 및 전자제품을 생산하는 한국의 삼성전자와 비슷한 제품군을 가지고 있다.

대만 폭스콘의 막강한 제조력과 일본 샤프의 첨단 기술이 만났으니 엄청난 시너지 효과를 낼 것이고 그 효과는 머지않아 한국 기업을 압박할 것이다.

일본 샤프의 인수에 한국 기업도 참여했어야 했다.

— 2017. 3. 6일 자 코리아 아이티 타임스

# 상상하는 것이
# 현실이 된다

한 잡지에 의하면

호주 시드니에서는 한 제과점에서 1년의 시행착오 끝에 인체에 무해한 '야광 도넛'을 만들었다고 한다.

도넛 1개당 7달러 하는데 좀 비싸다.

인공첨가물이 없고 비타민B가 함유된

재료를 사용해 몸에 좋다고 하는데

너무 비싼 것 아닌지….

또 미국 기업 썬업(SUNUP)에서는 초록 커피를

개발했다고 한다.

브랜드명이 '퓨어 그린 커피'인데

로스팅을 하지 않고 차같이 내려 마신다고 한다.

영국에서는 먹는 엽서가 등장했다고 한다.

미국에서는 한국에서도 없는 김치 주스가 인기라고 한다.

한 병에(32온스) 17달러라고 한다.

영국의 유명 햄버거 체인에서는 김치 버거를 출시하고 11파운드 (16,000원)에 판매한다고 한다.
이곳에선 감자튀김 이름이 '서울 스트링윙'이라고 한다.

며칠 전 신문에서는 반가운 소식이 있었다.

우리나라 연구진이 개발한 스마트폰을 터치하지 않고도 대화하듯 자동 통역이 가능한 기술이 세계 최초로 국제 표준에 채택됐다.

ETRI(한국전자통신연구원)는 프랑스 파리 표준 협회에서 열린 국제 표준화 회의에서 '제로 유아이(Zero UI) 자동통역 기술'이 국제표준으로 최종 승인됐다고 한다.

연구진은 이 기술에 대해 "사용자가 스마트폰 블루투스를 활용, 헤드셋을 통해 통역이 가능한 기술"이라고 설명했다.

사용자가 웨어러블 헤드셋 등을 착용한 후 말을 하면 음성이 스마트폰으로 전달돼 통역된다. 통역된 음성은 상대의 스마트폰을 통해 헤드셋으로 전송돼 통역 결과를 들려준다고 한다.

머지않아 어학 때문에 받았던 스트레스가 없어질 것 같다.

렌즈가 없는 카메라를 상상할 수 있을까? 이것도 곧 가능해진다고 한다.

상상하는 것이 현실이 되는 시대다.

# 세계는 평평하다

이 시대를 간단히 정의하면 이념의 시대는 지나가고 있고 새로운 경제전쟁의 시대다.

이미 전 세계의 장벽은 무너졌고 세계의 변화는 극심하다.

어떤 강대국도 이러한 변화를 막을 수 없고 세계 지도도 그 나라의 면적이 아닌 경제력으로 표시된다.

미국의 칼럼니스트 토머스 프리드먼의 책 이름처럼 세계는 평평하다.

오래전 미래학자 존 네이스빗의 예언대로 공업화 시대는 정보화 시대로 변했고 대량생산기술에서 하이테크로 변하고 있으며 독자적인 국가 경제가 아닌 상호 연결된 글로벌 경제에 속하고 있다.

일본의 경제 칼럼니스트인 오마이 겐이치의 책 이름 『국경 없는 세계(Borderless World)』처럼 하버드 경영대의 마이클 포터 교수의 말대로 국경이 없어지고 동시에 국경의 중요성이 커지는 보호주의가 강화되는 양면성도 있다.

나는 전 세계를 지배하는 일본의 화낙(FANUC)이라는 기업이 그냥 만들어졌다고 생각하지 않는다.

자동화 로봇 1위의 화낙은 로봇을 인간에 해로운 존재로 표현하지 않고 인간에 유용하고 도움이 되는 존재로 부각시킨 유명한 일본 만화가 데스카 오사무의 영향을 받았다고 한다.

우리나라 사람들은 자본주의라는 말에 거부감을 느끼고 시장경제 또는 자유민주주의 경제라고 친절하게 말한다. 이건 누구의 영향일까?

하지만 자본주의(Capitalism)는 자본주의고 세계는 평평(FLAT)하다.

# 스타트업은
# 대한민국의 미래다

일본엔 독보적인 화낙(FANUC)이란 회사가 있다. 노란색으로 상징되는 후지 산 밑에 있는 회사다.

설립부터 45년을 오직 공장 자동화, 산업용 로봇에만 매진해 온 결과는 화낙의 세계시장 점유율에 그대로 나타났다. 스마트폰 케이스 등을 정밀 가공하는 드릴 로봇은 80%, 공장 자동화에 필수인 수치제어(NC) 공작 기계는 60%, 스마트 팩토리 내부를 채우는 첨단 산업용 로봇은 20%가 화낙 제품이다.

2015년 매출 7조3,000억 원에 영업이익이 3조 원으로, 영업이익률이 41%에 달했다. 38개 제조 공장은 일본 내에만 있다. 생산한 제품의 80%를 수출한다.

한국 기준으로는 삼성전자에 이어 시총 2위에 해당한다. 삼성, 애플은 물론 글로벌 자동차 회사들 거의 대부분이 화낙의 기기와 로봇을 사용한다.

삼성전자는 갤럭시 S6의 몸체를 금속 재질로 바꾸기로 한 뒤 대당 1억 원인 화낙의 로봇을 2만 대(2조 원어치)나 구입했다.

애플은 아이폰 6 생산 공장에 화낙의 같은 제품을 10만 대나 설치했다. 화낙 말고는 선택의 여지가 없기 때문이다. 솔직히 한국의 회사와는 경쟁이 되지 않는다.

자 여기서 냉정하게 생각하자.
안되는 것도 있고 이미 늦은 것도 있다.
답은 연구개발의 막대한 투자가 아닌 특권적 자산을 가진 해외 기업의 인수다.

한국은 아이디어가 있는 창조적인 제품 개발보다는 원천 기술을 형상화하는 제조 능력에 세계적인 경쟁력을 가지고 있다. 아시아에서는 한국 외에 일본, 중국, 대만 그리고 그 뒤로 태국, 말레이시아가 강한 경쟁력의 제조 시스템을 가지고 있다.

이제 점점 낮은 임금을 무기로 한 단순 제조, 즉 가격 중심의 제조업에서 탈피해야 한다. 정말 강한 1위의 제품, 즉 고부가가치 제품으로 승부하고 이제는 단순 제품 판매에서 기술 수출이나 시스템 수출로의 구조 조정도 고려해볼 만하다.

이러한 진화의 해법은 소규모 연구 중심의 스타트업 창업 지원 및 투자이다.

나는 여기에 한국경제의 미래가 달려있다고 자신 있게 얘기한다.

현재의 개인보증에 의한 젊은 창업가의 자금조달 방식은 젊고 높은 연구기술 능력과 정신을 가진 젊은이들을 신용불량자로 만들고 이들의 값진 실패의 경험을 사장시킨다.

창업자들을 꾸준히 키워서 대기업으로 육성하기보다는 기술 개발이 일정 수준에 도달하면 대기업과 협업을 추진하는 방식으로 전개되어야 한다.

상업화 및 글로벌 비즈니스에 익숙하지 않은 연구개발 중심 창업자들에게 제품 생산과 판매 병행은 무거운 짐이다.

오히려 창업자들을 기존 사업 매각 후 새로운 아이디어로 연쇄 창업을 하여 기술 개발을 통한 부를 계속적으로 축적할 수 있게 하고 일정의 지분을 가지고 오너의 위치에서 자신들의 주특기인 연구개발에 전념하게 해주어야 한다.

기술 창조 기업은 5명 이상일 필요가 없다.

어차피 핵심 기술은 한 사람의 아이디어에서 나오기 때문이며 이 조그만 회사를 대기업의 종속 기업으로 생각하지 않는 사회적 분위기가 반드시 필요하다.

지금 주식회사 대한민국호는 더욱 강한 기업가 정신 무장을 필요로 한다. 몇 번의 실패에도 굴하지 않는 4전 5기의 기반을 만들어 주어야 한다. 대한민국호에서 인류에 이바지할 강한 1위 제품이 필요한 시점이기 때문이다.

이러한 기술 개발에 대한 투자의 성과는 단기간에 나오지 않는다. 국내 기술 개발 창업 투자와 함께 세계에서 강한 1위 제품을 가진 해외 기업의 인수를 고려할 때이다. 이스라엘과 미국, 유럽의 회사들을 관심깊게 주시해야 한다.

컴퓨터 회사인 미국의 인텔은 이스라엘의 자율 주행 기술 회사 모빌아이(Mobileye)를 153억 달러(약 17조6,000억 원)에 인수했다. 인텔은 오는 2021년까지 자율 주행 자동차를 개발하겠다는 목표를 세우고 '오토메이티드 드라이빙 그룹(Automated Driving Group)'을 만들었다.

다 잘할 수는 없다. 집중할 것에 집중하고 필요한 것을 갖추는 것이 중요하다.

제4차 산업혁명 시대에 국내 소규모 연구집단의 스타트업 지원과 특권적 자산을 가진 해외 업체 인수에 한국경제의 성장 동력이 걸려있다는 점을 반드시 명심해야만 한다.

— 2017. 3. 28일 자 코리아 아이티 타임스

# 시간은 따뜻함을
# 느끼기에도 길지 않다

페르소나(persona)는 심리학에서 타인에게 비치는 외적 성격을 나타내는 용어이다.

원래 페르소나는 그리스의 고대극에서 배우들이 쓰던 가면을 일컫는데 심리학적인 용어로 심리학자 카를 구스타프 융(Carl Gustav Jung)이 만든 이론에 쓰이는데 그는 인간은 천 개의 페르소나(가면)를 지니고 있어서 상황에 따라 적절한 페르소나를 쓰고 관계를 이루어 간다고 한다. 페르소나를 통해 개인은 생활 속에서 자신의 역할을 반영할 수 있고 자기 주변 세계와 상호 관계를 성립할 수 있게 된다. 그리고 페르소나 안에서 자신의 고유한 심리 구조와 사회적 요구 간의 타협점에 도달할 수 있어서 개인이 사회적 요구에 적응할 수 있게 해 주는 매개체의 역할을 하게 된다.

이 페르소나의 이해는 타인의 이해할 수 없는 행동이나 말을 이해할 수 있게 해주는 고마운 용어다.

우리는 살아가면서 친구, 직장 동료, 공동체 구성원들과의 지속적인 교류를 하며 살아간다.

직장 상사나 친구 때로는 연예인이나 심지어는 정치인들의 언행불일치에 실망하거나 분노할 필요는 없다. 한걸음 뒤에서 바라봐도된다.

사람으로부터 실망할 때 페르소나를 떠올리면 우리의 삶은 타인에게 더욱 관대해진다.

이른 아침 커피의 냄새는 우리를 안정시킨다.
아름다운 음악은 우리에게 평안함과 마음의 여유를 준다.
따뜻한 차의 온기는 우리의 마음을 부드럽게 해준다.
자연을 노래한 시는 우리에게 상상의 여행을 허락한다.
새벽의 빗소리는 우리의 안락함에 감사의 마음을 느끼게 한다.

다른 사람에게 실망하거나 속상해하지 않았으면 좋겠다.
인생은 따뜻함을 느끼기에도 길지 않은 시간이므로….

# 아름다운 세상에서 살게 해줘서 고마워

버스를 기다리며 몇 분 후 버스가 도착한다고 알려주는 LED 표시판이 고맙다.

커피 한 잔 시켜놓고 몇 시간 앉아 책읽게 해주는 커피숍이 정말 고맙다.

더운 여름 무료로 향기로운 화장품을 쓸 수 있는 드럭스토어(Drugstore)도 고맙다.

오랜 시간 책을 읽어도 눈총을 주지 않는 대형 서점들이 많이 고맙다.

동네 근처에 꽃과 산이 있어 진정으로 고맙다.

아름다운 세상에서 살게 해주어서 고맙다.

# 하나의 이유

어느 조직에서나 하위 10%는 경쟁력이 약하다. 팀원들이 이들을 이끌어야 한다.

각 국가의 이러한 상황을 잘 분석해보면 이 하위 10% 법칙이 공통적인 각 나라의 고민임을 알 수 있다.

이 하위 10%는 스스로 경쟁하고 스스로 나아갈 힘과 능력이 되지 않는다. 제4차 산업혁명은 안타깝게도 부의 격차를 더욱 벌릴 것이고 이 10%는 마지막엔 절벽에서 아무런 보호대 없이 방치될 확률이 높다.

누군가는 이들을 위해 이들이 절벽 아래로 떨어지지 않게 보호막이 되어주어야 한다.

사회 보장 제도가 잘 갖추어진 북유럽과는 다르게 한국은 재정

상황이 넉넉하지 않다. 향후 국방비의 비중이 늘어나면 더욱 그럴 것이다.

누가 해주어야 할까?

미안하지만 이 역할을 대한민국의 상위 10%와 100대 안에 드는 부자 분들이 많은 부분 감당해주셔야 할 것 같다. 기분이 나쁘지 않도록.

앞으로 의학의 발달로 인간의 수명은 늘어날 것이고 100대 부자들의 평균수명을 100세로 가정해 보기로 한다.

자, 이제 죽기 전에 대한민국의 100대 부자들은 자신의 돈을 다 쓰고 가기 위해 노력해보기로 하자. 쉽지 않은 목표이지만 열심히 노력한다면 가능할 수도 있다.

먼저 일찍 일어나야 돈을 다 쓸 수 있는 시간을 확보할 수 있다. 돈을 다 쓰려면 뭔가 사야만 한다. 기억하자. '쇼핑'이다.

키워드는 럭셔리(LUXURY), 프리미엄(PREMIUM), 리미티드 에디션 (LIMITED EDITION) 이런 단어이고 돈을 다 쓰기 위해 피해야 하는 단어는 프로모션(PROMOTION), 아웃렛(OUTLET), 세일(SALE) 이런 단어이다.

돈을 다 쓰기 위해서는 어떤 브랜드가 비싼지 열심히 공부해야 한다. 일어나서 〈노블레스(NOBLESSE)〉, 〈오뜨(HAUTE)〉, 〈뮈엔(MUINE)〉 이런 잡지를 읽고 명품을 그리고 쇼핑을 공부하자. 무가지 잡지라 좀 아쉽지만, 강남의 헤어숍, 레스토랑, 스파, 피트니스 클럽에 가면 쉽게 구할 수 있다.

이런 잡지에도 저렴한 브랜드가 군데군데 나오니 주의하자. 먼저 명품 공부를 하면서 백화점의 오픈을 기다리자. 가지고 있는 돈을 다 쓰려면 부지런해야 하고 집중해야 한다.

목표 달성을 위해 아내와 비전을 공유하자. 같이 써야 빠르게 돈을 소진할 수 있다.

먼저 주의할 점에 대해서 체크해 보자. 의류, 잡화는 돈을 많이 쓸 수는 없지만, 꼭 필요하므로 사야만 한다.

의류를 살 때 랄프로렌, 타미힐피거, 빈폴, 캘빈 클라인, 게스, 아베크롬비 등 저렴한 브랜드는 최대한 피해야 한다. 그래야 돈을 다쓸 수 있다. 특히 나이키, 아디다스, 뉴발란스, 리복, 퓨마 이런 저렴한 브랜드를 사지 않도록 주의하자.

청바지는 너무 질겨 오래 입을 수 있으니 주의하자. 하늘하늘한 이세이 미야케를 추천한다.

캘빈 클라인, 게스, 리바이스 이런 청바지 브랜드를 사면 돈 쓰는 것은 실패임을 명심하자. 몽클레어나 캐나다 구스 정도는 약하지만, 겨울엔 무난하다. 단 5개 이상 한 번에 사자.

청담동의 명품거리는 이동시간이 오래 걸리니 갤러리아 명품관이나 현대백화점 압구정점 또는 신세계 강남점에서 한번 노력해보자. 주의할 점은 면세점은 외국에 나가는 시간이 있고 세일을 할 수 있으므로 피하자.

명품 아웃렛은 가격이 싸므로 절대 피해야 한다. 강남을 벗어나면 돈 쓰기가 어렵다는 것을 명심하자.

먼저 양복을 사자.
이탈리아산 대리석이 깔린 롯데 1번가 또는 5성급 호텔의 양복점에서 사는 방법도 있으나 강남의 명품관에서 사는 게 제일 빠르다. 먼저 보스에서 셔츠와 몇 가지를 구비하자.

조르조 아르마니에서 춘하추동 4벌의 양복을 사자. 입어 보기 귀찮으므로 1벌만 입어보고 나머지 3벌은 숍마스터에게 같은 치수로 줄여달라고 하고 에르메스에서 넥타이를 몇 개 사자.

뉴욕에서 온 티파니에서 '블레이슬릿(Blaslet)'을 몇 가지 사고 구두는 페라가모가 괜찮으니 3~4개 사자. 이태리 수제 브랜드가 아니므로 가능하면 부끄럽지 않도록 브랜드 표시가 없는 것으로 사는 것이 낫다.

디자인이 특이하다고 돌체, 가바나, DKNY, 베르사체 또는 브랜드 라이선싱이 된 라코스테, 빠지렐리, 닥스, 지방시, 레노마 이런 브랜드는 품위를 지킬 수 없음을 상기하자.

그런 다음 몽블랑에서 만년필과 벨트와 심플한 스타일의 가방을 사자. 한국 브랜드가 된 필라나 만다리나덕 그리고 투미, 토리버치, 마이크 제이콥스 이런 브랜드는 잦은 세일로 품격을 떨어뜨린다.

대체로 미국 브랜드는 유럽의 브랜드보다 저렴하므로 피하는 것이 좋다. 혹여 디자인이 괜찮더라도 코치나 마이클 코어스, 콜 한, 앤 클라인 등은 피해야 하며 톰보이, 시슬리, 베네통, 올리비아 로렌 및 저가의 노스페이스, 블랙야크, 아이더 등의 브랜드는 정말 피해야 한다. 등산 갈 시간이 없다.

영국의 버버리나 폴 스미스 그리고 독일의 아이그너, 이태리 제품이지만 미소니, 미국의 안나 수이 이런 저렴한 브랜드는 피하고 필그림, 스와로브스키 등의 저가 액세서리도 피하자.

주로 프랑스와 이태리 브랜드를 중심으로 의류와 잡화는 공략하고 시계는 무조건 스위스 제품을 사야 돈을 빨리 쓸 수 있음을 명심하자.

샤넬에서 가방을 몇 개 사자. 쓰다가 팔 때 중고가 제값을 쳐주는 관계로 조금 찜찜하지만 괜찮다. 다시 에르메스로 가서 버킨(BIRKIN) 백을 사고 만약 없다면 예약하자. 스카프 사는 것도 잊지말자.

그리고 루이뷔통으로 가서 가방을 몇 개 더 사고 신발을 사자. 복이 온다는 빨간색의 까르띠에 지갑을 사고 구찌로 이동하자.

그런 다음 프라다를 보고 구찌와 한가족이 된 보테가 베네타의 특이한 디자인 가방을 몇 개 더 사자. 돈을 많이 써야 함을 잊으면 안 된다. 디오르와 펜디, 멀베리, 지방시도 잠시 들르자.

혹시 디자인과 색상이 마음에 드는 찰스앤 키스나 국내의 루이까또즈, MCM 이런 거 보는 데 시간 허비하면 가망이 없다.

눈이 나쁘지 않더라도 안경을 고르자.
린드버그나 까르띠에, 듀폰, 로덴 스톡 이런 것을 고르자. 하우스 브랜드는 저렴할 수 있고 브랜드 피트나 엘튼 존이 쓰고 다닌다 해서 울프강프록쉐 이런 브랜드는 고르면 안 된다. 재질이 특이한 태그호이어도 색깔별로 몇 개 사자.

선글라스도 취향대로 고르면 된다. 특이하고 고가의 최고급 안경 매장이 있지만, 고작 몇백 더 소비하는 것이므로 가지 말자.

시계는 이런저런 브랜드 2개 또는 3개 사면 금방 1억을 쓸 수 있다. 디자인과 실용성에 한눈 팔려서 스마트 워치 같은 것에 관심 가지면 안 된다.

그리고 백화점에서 V.I.P 멤버십을 주겠다고 하면 거절하자. 돈 쓰는 것을 방해할 수 있다. 주차가 무료로 되고 무료 음료 서비스 등을 받으면 한 푼이라도 덜 쓰게 된다.

그리고 커피를 좋아해도 스타벅스, 커피빈, 탐앤탐스, 폴 바셋 이런 데 가면 돈 쓰기 힘들다.

다시 한 번 키워드를 생각하고 돈을 빨리 쓸 수 있는 호텔로 가자.

호텔이다!
커피를 마시고 밤에는 고가의 와인을 마시므로 돈을 빨리 소비할 수 있다. 커피를 마시고 일본 식당의 간단한 도시락이 10만 원 정도이니 빠른 점심으로 무난하다.

적게 먹고 많이 써야 한다. 많이 먹어야 하는 호텔 뷔페는 가지 말자. 시간 낭비다.

다행히 요즘 6성급 호텔이 생겨났고 고급화 추세이니 어쩌면 목표 달성할 수도 있다. 최고급 와인에 대해서 반드시 공부해야 한다.

피부관리숍도 예약하자. 몇몇 호텔에 있는 고급 피부숍 멤버십을 보유하자.


그리고 잠시 대한민국 명품 브랜드에 대해서 생각하자. 왜 한국 브랜드 중에는 돈을 쓰고 싶어도 비싼 명품 가방 브랜드와 명품 의류 브랜드가 없을까? 사고 싶어도 초고가의 대한민국 제품이 없는 것을 한탄하며 브랜딩의 중요성을 기억하자.

청담동의 페라리 매장으로 가자.

스펙 따지면 시간을 낭비할 수 있으므로 동급 최강 사양과 풀옵션을 기본으로 하자. 그리고 포르셰 매장에서 색깔이 다른 스포츠카를 사고 내친김에 삼성동으로 가서 람보르기니도 1대 예약하자.

돈을 써야 하지만, 일단 주차장 확보를 위해 이태리의 수제(Hand made) 자동차를 맞추고 1년에서 2년 걸리는 영국의 수제 자동차도 예약하자.

모터사이클과 자전거도 적은 돈이지만, 돈을 소비할 수 있다. 스즈키, 혼다 이런 브랜드는 금물이다. 터프한 이미지의 연예인이 탄다는 BL 차퍼스(BL CHOPPERS)도 몇 대 주문하자.

벤츠, 렉서스, BMW 이런 저렴한 차로는 돈을 다 쓸 수 없다. 벤틀리도 중가 브랜드니 포기하자.

고객 맞춤(Custom)과 멤버십(Membership)이 지금은 키워드다.

내일은 더 고단한 하루가 될 것이다.

옷과 가방도 돌아다니며 고르기 힘드니 돌아다니지 말고 숍마스터가 가지고 오는 부티크를 알아보자. 고르지 않아도 되고 산다안 산다만 결정하면 되므로 쇼핑이 쉬워진다.

한국에는 안 들어오는 일반인들과 차별화되는 브랜드를 사자.

돈 쓰는 것이 쉽지 않다. 힘을 내서 그림과 앤틱 가구, 골동품 쪽으로 가보자.

열심히 쇼핑했지만, 안타깝게도 돈을 다 쓰기 힘들다는 것을 깨닫는 시점이 있다. 물론 소더비나 크리스티로 가면 가능하지만, 부디 그것은 자제해주시길 부탁한다.

돈을 다 쓰는 것이 어렵다.

상위 100대 부자가 하위 10%의 보호막이 되어 주어야 하는 하나
의 '이유'이다.

# 언제까지 중국만 보고 있을 수는 없다

5년 전 일본 경제 신문은 글로벌 경제 위기 속에서도 선전하고 있는 한국경제에 주목하여 '한국 강함의 비결'이라는 기획 기사를 게재했다. 2012년으로 기억된다.

기사에서는 세계 TV 시장에서 선두를 달리는 삼성과 미국의 포드를 제치고 세계 5위에 오른 현대, 기아차를 열거하면서 한국 기업의 선택과 집중, 글로벌화를 성공 요인으로 꼽았다.

인구도 적고 자원도 빈약한 한국이 적극적인 글로벌화 그리고 선택과 집중의 구조 조정을 통해 국제 경쟁력을 높였다는 분석이었다.

나는 여기에 한국 기업들의 희생적 인재들이 있었음을 말하고 싶다.

경제사학자 앵거스 매디슨(Angus Maddison)에 의하면 인도는 기원 후부터 10세기까지 세계 1위 경제 대국이었다고 한다. 삼성경제연구소가 추정한 결과와 경제전망기관 글로벌 인사이트에 의하면 2020년까지 연평균 성장률에 있어서 인도가 중국을 상회할 것으로 예측하고 있다.

인도 시장에서 한국 기업은 어떤 기회를 찾을 수 있을까? 삼성경제연구소 신흥시장팀의 의견을 요약해본다.

첫째는 풍부한 전문 인력 활용이다. 인도는 IT 관련 고등교육기관으로 세계적 수준이며 이들이 바로 인도 IT 산업의 원동력이라 한다. IBM, 마이크로소프트 등 글로벌 기업들이 인도 현지 연구소를 운영 중이고 삼성전자도 마찬가지다. 대웅제약도 2009년 의약품 연구 활동 중심의 연구소를 설립했다.

둘째는 해외 인력의 자국 송금이 많아지면서 내수시장의 규모가 확대되고 있고 인도의 고급 인력들은 해외 전문 인력시장에서 막대한 수익을 올릴 것이고 그중 많은 금액이 인도로 송금될 것이라 예상한다.

셋째는 릴라이언스, 타타 자동차와 같은 로컬 기업의 성장 또한 우리에겐 중요한 기회를 제공할 것이라고 한다. 즉, B2B 시장의 기회 확대다.

놀라운 것은 씨티은행이 2050년 인도가 세계 1위의 경제 대국으로 부상할 것이라는 전망을 내놓았다. 7년 후 중국 인구 규모를 추월하고 2050년엔 16억의 인구로 중국의 14억의 인구를 압도할 것이라 한다.

이러한 인도 시장 기회를 위한 공격적인 투자 고려가 필요한 시점이다.

언제까지 중국만 쳐다볼 수는 없지 않은가?

# 오늘 감사한 것에 대해서

그리울 때 가볼 곳이 있다는 것.

힘들 때 내 편이 되어줄 이가 있다는 것.

비가 올 때 한 잔의 커피와 따뜻한 차가 있다는 것.

지칠 때 듣고 싶은 음악이 있다는 것.

쳐다볼 수 있는 아름다운 하늘이 있다는 것.

외로울 때 생각할 가족이 있다는 것.

아름다운 세상에서 살 수 있다는 것에 대해서 감사하고 싶습니다.

# 오늘 또 하나의 우산을 산다

　남자들은 영국의 사업가 조나스 한웨이(Jonas Hanway)에게 고마워해야 할 것 같다.

　17세기에 '우산은 연약한 사람들의 물건'이라는 고정관념을 깨기 위해 그는 30년간 매일 우산을 가지고 다녔다고 한다.

　군인들이 그래서 우산을 쓰지 않는가 보다.

　한국엔 선교사들에 의해 우산이 도입되어 1950년대는 부유층의 상징이었고 1960년대에 들어서 대중화되었다고 한다.

　장마철이다. 혹자는 비는 인생과도 같다고 한다.
긴 가뭄에 단비를 기대하는 사람들처럼.

　비를 좋아하는 사람도 있고 프랑스의 소설가 스탕달처럼

비를 고약하고 밉살스럽다고 표현한 이도 있다.

하지만 비는 우리의 감성을 자극하는 것은 맞는 것 같다.
태풍을 동반한 비가 아니라면.
비는 사람에게 자신만의 공간을 허락한다.
소설, 음악, 그림이 무수히 많게 비와 관련된 내용인 것을 보면.

자연의 소리인 빗소리를 들으며
심리적인 안정과 위로를 얻는 사람들이
늘어나고 있다고 한다.

요즘 유튜브. 페이스북 등 SNS에서
빗소리를 활용한 ASMR(Autonomous Sensory Meridian Response) 방송
들이 큰 인기를 얻는다고 한다.

치유를 필요로 하는 현대인들이 늘어가는가 보다.

세상은 사람과 사람을 촘촘히 연결하고 있는데 가속화가 빠른
이 시대에 사람들의 외로움과 고립감이 더욱 늘어난다고 하니 참
아이러니하다.

하루 정도는 비를 노래한 시를 읽고
비에 관련된 음악도 한번 들어보고

우산을 들고 있는 아름다운 색상의 그림을 보고
빗소리에 귀 기울여 보는 것도 나쁘지 않을 듯하다.

평소 뭔가를 가지고 다니는 것을 좋아하지
않는 나는 비가 오는 날은 항상 고민이다.

신발장엔 우산이 넘치는데….
오늘 나는 또 하나의 우산을 산다.

# 오늘도 비다

오늘도 비다.
어젯밤부터 오던 비가 새벽에도 계속되더니
아침에도 그치질 않는다.

새벽에 빗소리를 들으며 안락함에 감사를
드리며 외출을 해야겠다는 생각을 한다.

동네 커피숍이 이른 아침인데 벌써 오픈을 했다.

커피를 할까, 차를 할까.

오래전 한 외국 신문에서 인생을 더 즐길 수
있는 방법에 대해 읽었는데 그중에 하나가
커피를 즐기는 것이라고 한다.

지나치지 않은 커피는 몸에 좋다고 한다.

한국에서 커피 하면 봉지 커피와 자판기 커피를
말하지 않으면 안될듯하다.
봉지 커피는 한국의 발명품이다.
한 국내 회사의 제품도 있고 네슬레와 맥스웰
제품도 나오는데 그래도 가끔 마시는 노란색
한국의 봉지 커피가 제일 괜찮다.

요즘은 캡슐 커피도 나와서 집에 기계를
놓고 있는데 종류별로 되는 것도 있고
안되는 것도 있고 기계조작에 익숙하지
않은 내게는 그저 그렇다.

이른 아침 커피숍의 테라스에서 떨어지는
비를 보며 마시는 한 모금의 커피에
시간이 잠시 멈춰가도 좋을 듯하다는 생각을 잠시 한다.

커피숍들도 프랜차이즈가 있어서 가맹점들이
많은 것 같은데 공정거래위원장께서
기업들에 원가를 공개하라고 하는 모양이다.

공정거래위원회 분들에게 사람들 앞에서 옷을 벗으라면 그분들은 벗을 수 있을까.

경제교육이 필요하다.

오래된 가방과 검소한 인품으로 존경을 받는 분인데 강의도 하셔야 하고 주주총회 참석하느라 바빠서 필드 감각이 떨어진 게 틀림없다.

세상을 편하게 살아가는 방법 중에 넉넉한
속옷을 입는 것도 한 방법인데 기업들은
이제 삼각팬티보다는 편하고 덜 부끄러운
사각 트렁크 팬티를 준비해야 될 듯하다.

한국의 프랜차이즈 업체들은 본격적으로
해외로 나아가야 하는데 정부도 동기 부여가
되는 당근도 준비하시길.

김밥, 떡볶이, 어묵, 빙수, 도시락, 한식 등이 한류를
타고 적어도 아시아 국가에서 햄버거
샌드위치, 스시와 경쟁할 수 있다는
생각을 해본다.

한국적인 제품의 세계화에 기업들이 노력할 때

정부가 지원을 해준다면 얼마나 힘이 날까?

영국 수상 처칠의 말이 또 떠오른다.

기업을 총으로 쏘아야 하는 맹수로 보지 말고
무거운 짐수레를 끄는 말로 보아야 한다고.

호랑이나 사자 같은 맹수라도 나라의 생활비를
벌어오는 착한 맹수로 보기를 기대하며⋯.

# 요즘 한류가
# 유행은 유행인가 보다

요즘 한류가 유행은 유행인가 보다.
아시아의 친구들이 종종 한국에 오면 어디서
정보를 알았는지 치킨을 먹고 싶다고 한다.
그것도 한강 고수부지에서.

한때 서울은 아시아에서 가장 과소평가된 도시였다.
하지만 한류 열풍과 함께 한국의 패션, 엔터테인먼트 산업이
베이징에서 자카르타에 이르기까지 아시아 전역을 휩쓸며 한국
의 수도 서울은
많은 관광객이 찾는 관광 명소로 주목받고 있다.

자랑스럽다.

2008년에 비해 관광객 수가 2배로 뛰었다고 한다.

대한민국의 치킨은 세계 최고다.

외국의 유명한 요리책 저자도 '닭 튀기는 것'에 대해서
한국인을 이길 사람은 없다고 단언했다고 한다.
치킨의 원조인 미국 남부 사람들에게는 미안한 일이지만.

닭 튀기는 기술은 난이도가 높다고 하는데
정말 대단하다.

며칠 전 달걀 때문에 온 나라가 난리이다.
우리가 먹는 음식에 달걀이 많이 들어가니 피해 가긴
어려울 것 같고 샌드위치를 점심으로 먹는데
나도 모르게 햄에그 샌드위치를 시켰다.

마침 달걀 배달 아저씨가 달걀을 많이 들고 온다.
피할 수 없으면 즐기자.

미국의 〈헬스(Health)〉라는 잡지에서는 김치를 세계 5대
건강식품으로 선정했다고 한다.

문화의 수준이 올라가면 참 좋은 것 같다.
외국인들은 비비고 김치를 특별히 신뢰한다고 하는데
먹어보기 쉽지 않다.

아마 비비고가 중소기업이 하는 것이었다면 이러한
분위기 조성이 쉽지 않았을 텐데 일본의 기무치와
한 판 승부를 벌여야 할 것 같다.
아시아에 친구가 비교적 많은 나는 예전에 양념 된장과
명란젓 등의 심부름을 했었는데 요즘은 각 나라의 슈퍼에서도
구할 수 있다 하니….

하긴 아시아 국가의 슈퍼에서 그 매운 불닭볶음면을 고르던
싱가포르 사람들이 생각난다.


싱가포르.
아시아의 플랫폼.
요즘 스타트업 기업들이 홍콩으로 몰려가고 있고
미국의 부자 중에서는 세금을 아끼려고 국적을 바꾸는 것을 가
끔 보는데 싱가포르가 그중 한 나라다.

한국도 증세가 이슈인데 걱정이 된다. 싱가포르는 상속세가 없다
고 한다.

싱가포르는 프랑스의 느낌도 있는데 시스템은 케임브리지 스탠
더드를 따른다고 한다.

먹는 이야기 하는 김에 아이스크림 및 빙과류 시장이 작아진다
고 한다.

아마 디저트가 많이 생겨나고 음료 등 다른 대체 음식이
많아진 것 같아서 그런 듯하다.

한국의 빙과류도 적극적으로 해외 사업에 나설 때인 것 같다.
아시아에서 지금 '메이드 인 코리아' 하면 옆에 있는 돌도
팔 수 있는 시대다.

빙수가 또한 한국 문화를 알릴 수 있는 좋은 아이템인 것 같다.
빙수도 요즘 메뉴 개발이 한창인 듯하다.
멜론 빙수, 몽블랑 빙수, 망고 에스푸마 빙수, 이탈리언 커넥션 빙
수 이것도 부디 고등어 빙수가 나오지 않도록 기도해야 한다.

유럽인들이 비빔밥을 대할 땐 상당히 즐거워하는 모습을 본다.
음식을 비벼 보지 못한 프랑스 사람들은 충격을
받는다고 한다.

# 문득 분노라는 말이 생각난다

분노 속에 사는 이유는 용서의 방법을 모르기 때문이다.

증오하는 법밖에 모르므로.

현재를 살아가면서 과거에 잡혀있으면

삶의 즐거움과 아름다움을 느낄 수 없다.


지나간 과거가 무의미하다는 것은 아니다.

과거는 경험을 쌓게 해주고 분명히 의미가 있다.


멋진 삶의 미래를 그리고 꿈꾸는 것이

과거의 분노에 얽매이는 것보다 행복해지는

것이라는 생각을 한다.


현재는 선물이다. 책 이름처럼.


이 순간의 아름다움을 느낀다면 쉽지는 않지만 그래도 노력을 하는 것이 중요하다.

  사랑하는 딸의 결혼식 날, 소중한 신부 입장 순서에 딸의 새아빠
를 불러 셋이 함께 손을 잡고 나란히 입장한 아빠처럼 말이다.

# 요즘에 전철을 타면 임신한 남자를 자주 볼 수 있다

　요즘에 전철을 타면 임신한 남자를 자주 볼 수 있다. 이 사람들은 별로 부끄러워하지 않는다.

　가장자리의 핑크색 의자에 앉아 있는 모습이 자연스럽다.

　오늘은 50대 아저씨가 임신하셨다. 웃음이 나온다. 말해 주어야 하나.

　학대보다 나쁜 것이 방치라는 말도 있는데…

　오늘 급기야 두유 회사에서 출시한 고구마, 호박, 바나나를 섞은 콩 우유를 마셨다.

　기업에서 이렇게 차별화하고 열심히 연구 개발한 것은 마셔 주어야 한다.

휴대폰 문자로 호우주의보. 외출을 자제하라고 한다. 벌써 나왔는데.

휴대폰으로 온라인 구독률 1위인 〈뉴욕타임스〉를 접속해서 보니 요즘 'Korea'가 이슈다.

외국의 친구들은 위챗(Wechat)과 WhatsApp으로 연일 안전하길 바란다고 난리지만 태풍 속은 오히려 고요하다.

한 잔의 차를 앞에 두고 하염없이 오는 비를 바라본다.
오늘은 광복절인데 일본 사람들이 보인다.
일본.
미워하고 경쟁하지만 가까운 이웃 나라. 미워할 건 미워하고 흡수할 건 흡수해야 한다.

어느 미남 연예인이 친일파라는 기사가 한동안 떠돌았다.
재미있다. 예전 외국의 TV 방송에서 한 흑인 여성이 울면서 인터뷰하던 기억이 난다.
자신이 흑인으로 태어나고 싶어서 태어난 것은 아니라고.
조절이 가능하다면 그 연예인도 독립투사의 자손을 택했을 거다.
또 부잣집에서 태어나는 것을 선택했을 것이고.
있는 자의 갑질은 아주 나쁜 것 같다.
있다고 해서, 월급을 준다고 해서 다른 사람에게 함부로 대하는 것은 혼나야 한다.

일본에서는 요즘 다시 메탈 음악이 유행이라고 한다. CNN에서 머리를 위로 추켜 올리고 가죽 룩에 슬림핏 바지의 일본인을 조명했다.

신일본주의.

자기들 노래를 J-팝이라고 하지 않고 CITY-팝이라 부르라고 한다.

우리가 도시를 먼저 지으려는데 아직도 일본은 한국보다 빠르다.

일본 신문이 한국 신문보다 빠르듯이, 인정할 건 인정하고 신발 끈을 묶어야 한다.

이제 앞으로는 도시(City)다. 칼럼 제목 '도시를 짓자' 처럼.

요즘 '에버그린(Evergreen)'이라는 노래를 즐겨듣는데 바브라 스트라이샌드 노래도 좋고 웨스트라이프의 노래도 좋고….

성형외과 많은 동네.

결혼 정보 회사 광고 홍수.

앞으로는 자판기도 빅데이터가 진열 순서를 알려주어 매출이 증대한다고 한다.

안경점 앞에서 검정 옷의 수지가 나를 바라보고 있다.

수지 옆에서 비를 피한다.

신문은 가장 저렴하고 가벼운 책이다. 그리고 가장 가벼운 방석이고….

유럽에서 설문조사를 했는데 가장 무거운 물건이 무엇이냐는 질문에 1위가 '책'이라고 했다 한다. 독서를 즐기는 건 맞는 건 같다.

적은 독서인구 때문에 아마존이 한국 진출을 주저했었나?

이렇게 의미 있는 하루는 지나가고 있다.

# 위탁가공생산으로
# 코리아 프리미엄 획득하라

중국의 사드(THAAD) 보복 여파의 영향으로 올해 1분기 화장품 업계 실적에 희비가 엇갈리고 있다. 지난 16일 업계에서는 아모레퍼시픽과 잇츠 한불, 코스맥스의 1분기 영업이익이 큰 폭으로 감소했다고 발표했다.

반면 LG생활건강과 한국콜마, 코스 메카 코리아 등은 영업이익이 크게 늘어난 것으로 나타났다. 실적 타격을 입은 업체는 비교적 중국 의존도가 높은 곳들이었다.

2010년 유럽연합(EU)은 유럽 내에서 만드는 제품을 '메이드 인 EU'를 달아서 내보내자고 제안한 바 있다. 하지만 이를 독일 정부는 거절했다. '메이드 인 저머니(GERMANY)'는 곧 '프리미엄'을 상징했기 때문이다.

생산국 표기에서 오는 이미지를 비교한 '메이드 인 컨트리 인덱스

2017'에 따르면, 독일 제품을 의미하는 '메이드 인 GERMANY'에 가장 고품질 이미지가 있는 것으로 나타났다고 지난달 독일 〈벨트〉지가 전했다.

이 조사는 독일의 통계서비스 포털사이트 '스타티스타(Statista)'에 의한 것으로 52개국 4만3천 명의 소비자를 대상으로 실시한 조사에서 디자인, 독창성, 첨단 기술 등으로 높은 평가를 얻은 독일이 1위를 차지했다.

조사 국가 중 13개국이 '메이드 인 GERMANY'를 1위로 뽑았으며, 독일인들도 자국 제품을 가장 신뢰하는 것으로 나타났다.

종합 순위에서 스위스가 독일에 이어 2위였다. 이어서 영국, 스웨덴, 캐나다, 이탈리아가 뒤를 이었고, 일본은 프랑스, 미국과 동률 8위였다.

스위스 제품은 독창성과 신분의 상징으로서의 이미지 강점이 높은 평가로 이어졌다. 이탈리아 제품은 디자인과 독창성, 일본 제품은 최첨단 기술, 캐나다는 생산 과정의 공정성과 친환경성이 높이 평가되었다.

해외에 공장을 둔 일본 제조업체들이 속속 자국으로 회귀하고 있다.

생산비용 절감과 현지화를 명분으로 앞다퉈 외국으로 공장을 옮겼다가 유턴하는 추세다. 현지 인건비가 급등해 부담이 커진 가운데 일본 정부가 규제 완화, 세제 지원 등 강력한 인센티브를 제공하고 있기 때문이다.

일본 기업들의 유턴은 2012년 아베 신조(安倍晉三) 총리가 집권하면서 많이 늘어났다. 대기업 중에서는 캐논, 카시오, 파나소닉, 샤프 등이 해외 생산시설을 일본으로 이전했다.

한국 정부는 해외로 나간 기업에 대해 2013년부터 유턴을 유도하고 있지만 큰 효과를 못 내고 있다. 회귀를 타진한 기업이 최근 3년간 80여 곳에 달했지만, 실제 국내로 돌아온 기업은 43개에 불과하다. 정부의 관심이 진정으로 필요한 시점이다.

독일과 일본의 국가 브랜드는 막강하다.
'메이드 인 Germany', '메이드 인 Japan'은 고객에게 신뢰 그 자체다. 그들은 높은 인건비에도 불구하고 프리미엄이란 고부가가치 제품으로 승부한다.

'메이드 인 코리아'는 삼성과 LG 등 몇몇 대기업의 안정된 브랜드 이미지와 설화수, 오휘 등의 프리미엄 화장품 등의 효과로 아시아에서 주목을 받고 있다. 한류의 열풍도 크게 한몫을 하고 있다.

특히, 베트남을 위시한 아시아의 저개발국가에서는 폭발적인 브랜드 파워를 가지고 있다.

이 시점에서 대한민국 기업들이 '메이드 인 코리아'로 독일이나 일본처럼 대결하려면 선행되어야 하는 과제들이 있다.

첫째는 높은 인건비에 의한 가격경쟁력 저하이고 고부가가치 제품의 협소한 시장규모이다. 아무래도 가성비 좋은 제품을 찾는 대규모 시장은 한국 기업들에 매력적일 수밖에 없다. 공장 가동률을 올릴 수 있는 해법이 필요하다.

이미 대부분의 대기업이 시행하고 있기도 하지만 새롭게 부상하는 방법은 '메이드 인 코리아' 위탁 가공 생산 추진이다. 즉 독립 마케팅 법인의 설립이다.

얼마 전 삼성전자는 시스템 LSI(비메모리 반도체) 사업부 내에 있던 파운드리 사업팀을 사업부로 승격했다. 파운드리는 다른 기업이 설계한 반도체를 위탁받아 생산하는 사업을 말한다.

삼성의 파운드리 사업은 세계 4위권이며 작년 매출 5조 원으로 반도체 전체 매출의 10% 수준까지 확대되었다.

여기서 독립적인 위탁가공 생산사업부보다 독립법인의 설립을 권

하는 이유는 간단하다.

왜냐하면, 중요한 해외 고객들은 경쟁업체와의 의사소통 및 정보 공개를 편하게 생각하지 않을 것이기 때문이다. 이 위탁가공 마케팅 법인은 해외 고객을 진정으로 배려해 줘야 한다.

고객의 정보를 보호해주고 그들의 성장 및 사업 성공을 도와야 한다. 이러한 비즈니스의 상도는 앞으로 대한민국 위탁가공 생산 성공의 열쇠이다.

이러한 위탁가공 생산의 좋은 예는 화장품 산업이다.

한국의 코스맥스, 코스 메카, 한국콜마 등은 뛰어난 개발 제조 노하우로 시장을 지배한다. 프랑스의 샤넬, 영국의 크랩트리앤에블린, 심지어는 미국의 유명한 다단계 화장품 업체도 이들의 고객이다. 그러나 이러한 기업들이 진정으로 자랑스럽지만 걱정되는 점이 있다.

예를 들어 코스맥스에서 ODM으로 제품을 공급받는 브랜드력이 떨어지는 소규모 업체는 코스맥스의 제조 사실을 세일즈 포인트로 내세우겠지만, 샤넬이나 랑콤 등의 명품 브랜드에서는 코스맥스의 제조 사실이 공개되는 것을 진정으로 원하지 않는다.

위탁가공 생산업체는 이점을 주의하여야 한다. 고객에 대한 신의 및 배려는 제품과 제조 능력 못지않게 중요하다.

둘째는 정부는 현재 유턴하고 싶은, 표류 중인 대한민국 기업이 다시 돌아올 길을 열어주어야 한다. 일자리 창출은 민간 기업이 스스로 창출할 때 가장 건강하다.

삼성전자나 LG 전자가 애플의 스마트폰을 제조해서는 안 된다는 법도 없고 아모레 퍼시픽이나 코리아나 화장품이 샤넬, 랑콤 등을 제조하지 말라는 원칙도 없으며 바비 브라운이나 MAC의 제품을 제조하지 말라는 원칙도 없다.

— 2017. 5. 29일 자 코리아 아이티 타임스

# 유대인 경쟁력의 하나는 유대인 간의 정보교환이다

유대인의 경쟁력의 하나는 유대인 간의 정보교환이다. 유대인은 자기 민족을 대가족이라고 생각하고 세계에 퍼져있는 유대인 기업가들은 서로 두껍게 협력한다.

영국에서 산업혁명이 일어나자 유럽의 금융중심지가 런던으로 옮겨져 철도 건설 및 산업을 위한 대부와 투자가 활발하게 이루어졌다. 유대인 로스차일드는 동유럽 철도 건설을 위해 영국 재무성에 차관을 제공해 4,350만 파운드의 거액 차관을 받아내는 데 성공했다.

1817년 프랑스에 진출해 몇 년 후 국채를 프랑스 정부로부터 독점적으로 취급하였고 독일의 라보타 은행, 호펜하임 은행 등 히틀러에게 추방되기 전 1932년까지 독일 기업은 반 이상이 유대인 자본으로부터 자금을 공급받고 있었다.

러시아에서는 역시 유대인 형제 니콜라스가 루드 비이 은행을 열어 서방 금융과 연결했다.

폴란드, 루마니아, 헝가리, 체코에서도 유대인의 활약은 두드러졌고 스웨덴의 경우 미셸 제네딕트 집안이 왕실의 보석과 은행을 겸하였고 왕실의 금융 고문을 지낼 정도로 유대인들의 금융 활동은 활발했다.

1654년 뉴암스테르담(지금의 뉴욕)에 23명의 유대인이 도착했고 신대륙의 미국인들은 유럽에서 박해를 피해온 청교도들이었기에 재능이 많은 유대인에게 우호적이었다.

유대인 기업가의 성공 사례는 무수히 많다. 월스트리트를 위시한 세계 금융산업이 그들의 손아귀에 있고 정보기술(IT) 산업에서도 구글, 페이스북, 오라클 등 선두기업 창업가는 유대인이다. 영화산업은 아예 유대인에 의해 태동했으며 할리우드 제작자 대부분이 유대인이다. 유통산업, 특히 백화점을 키워온 주도 세력도 유대인이며 관광산업 또한 그들이 주도하고 있다. 기타 언론산업, 의료산업, 법률산업, 컨설팅산업, 패션산업, 보석산업, 미용산업 등 한마디로 서비스 산업 대부분을 그들이 주도하고 있다.

유대인들의 이런 파워는 어디서부터 유래하는 것인가?
『유대인 이야기』를 쓴 세종대 홍익희 교수는 타이푼 포스트의 특집 칼럼에서 다음과 같이 적고 있다.

> 유대인들은 '생각이 바로 경쟁력'이란 사고를 지니고 있다. 사고의 범위를 넓혀야 성공한다는 생각이다. 창의성은 특별한 사람의 유전자에 각인된 초자연적인 힘이 아니다. 누구나 배우고 개선할 수 있는 능력이다. 독서는 이런 창의력과 상상력의 원천이다.
> 특히 독서 후 질문과 토론은 이를 극대화하는 좋은 방법이다. 토론식 교육은 머리를 분석적이며 통합적으로 개발한다. 토론하는 동안 본인이 평상시에는 생각하지 못했던 아이디어들이 떠오른다. 창의력 계발이다. 토론하는 두 사람의 창의력이 부딪치면서 파생되는 시너지 효과는 대단하다. 유대인의 창의력이 강한 이유이자 유대인의 교육 자체가 대부분 질문과 토론으로 진행되는 이유다.

유대인 기업가들은 공동체 의식이 강하다. 그들이 강한 이유다. 유대인 기업가를 상대할 때는 그를 한 사람의 개인으로 보지 말고 유대인 기업가 그룹을 상대하는 것으로 인식해야 한다. 기업가가 아니더라도 유대인은 동족간 협동심이 강하다.

유대인들이 일반 비즈니스맨보다 정보전에서 앞서 나갈 수밖에 없는 이유다. 특히 정보가 생명줄인 금융부문에서 유대인이 강한 것도 이 때문이다. 이런 관습은 현재 더욱 빛을 발하고 있다. 정보가 그 어느 시대보다 중요해졌기 때문이다.

사실 히브리어에 '자선'이란 단어는 없다. 그들에게 약자를 보호하는 것은 인간이라면 누구나 지켜야 할 마땅한 도리이기 때문이다. 그래서 이를 자선이라 부르지 않고 '정의(체다카)'라 부른다.

흥미로운 것은 체다카 품격 가운데 최상의 품격이 상대방이 자립할 수 있도록 도와주는 것이다. 물론 이것은 물질적 도움만은 아니다. 지식과 정보는 물론 인맥 형성 지원 등 상대방의 자립에 필요한 모든 도움을 망라한다. 한마디로 화끈하게 도와주는 것이다. 이것이 미국에 있는 유대 기업인들이 조국 이스라엘 창업가들을 물심양면으로 돕는 근본적인 이유이다.

일반적으로 성공한 유대인 기업가들은 지원단체를 조직해 다른 유대인을 돕기 위한 아이디어를 제공하고 기금을 조성한다. 사업자금을 무이자로 대부하는 제도가 역사적으로 유대인 사회에 존재했다는 사실은 매우 특기할 만한 일이다.

대표적인 사례가 유럽에서 18세기부터 있었던 '헤브라이인 무이자 대부협회'다. 이러한 전통은 유대인들이 미국에 이민 가서도 계속됐다. 성공한 유대인들은 기부금을 내는 걸 당연하게 생각한다. 보통 1만 달러에서 50만 달러가 절반 정도이고 500만 달러가 넘는 금액도 흔하다. 이런 모금단체를 비롯해 각종 커뮤니티 조직이 미국에만 200개가 넘는다.

유대인들은 실패를 두려워하지 않는다. 실패도 큰 자산이라고 생각한다. 그래서 무이자 대부협회도 실패한 창업자에게 세 번까지 무이자 대부 기회를 준다.

이렇게 동족 간에는 시스템으로 창업을 지원한다. 특히 유대인들은 실패를 경험할수록 성공에 가까워진다는 '후츠파' 정신이 투철하다. 창업이 활성화될 수 있는 이유다.

게다가 이스라엘은 대부가 아닌 투자를 위한 벤처투자펀드도 발달하여 있다. 인구 800만 명에 불과한 이스라엘이지만 미국 나스닥 시장에 상장된 기업은 유럽 전체 숫자보다도 많다. 이스라엘에서는 청년들이 매년 500개 이상의 새로운 벤처기업을 만든다.

이스라엘 경제가 활력으로 가득 찬 이유이다.

실리콘밸리의 창업 환경도 유대인들이 주도하고 있다. 이는 이스라엘과도 긴밀히 연결돼 있다.

LA에 있는 유대인 단체는 무이자로 유대인들에게 사업자금을 빌려주는데, 그 회수율이 80%가 훨씬 넘는다고 한다. 물론 그 자금으로 성공한 사람들은 이자보다 훨씬 많은 금액을 기부해 기금이 불어나고 있다.

이렇듯 유대인들은 그들 스스로 창업생태계를 꾸려가며 서로 끌어주고 밀어주는 공동체를 이루고 있다. 최근에는 대부보다는 투자가 이들 창업생태계를 이끌고 있다.

유대인은 가장 생산성이 낮은 농업에서 퇴출당해 부가가치가 높은 상업과 교역으로 그리고 상인집단인 길드에서 퇴출당한 다음에 이를 이겨내기 위해 고객지향주의를 창출했다. 고객지향적인 현대 경영학 이론은 대부분 유대인에게서 나왔다고 해도 과언이 아니다.

중세에 유대 상인들은 가는 곳마다 상권을 장악했다. 그러자 당시 막강했던 상인조합인 길드로부터 쫓겨났다. 길드로부터 퇴출당한 유대인이 살아가기 위해서는 길드 내 상인보다 더 좋은 물건을 더 싼 값에 공급하면서도 고객 서비스 수준을 더 좋게 해줘야 했다.

한마디로 모든 것을 고객의 니즈에 맞출 수밖에 없었다. 유대인은 길드의 제약을 받지 않고 오로지 '고객 만족'으로 승부했다.

이는 결과적으로 고객을 유일한 법으로 생각하는 현대 자본주의의 씨앗이 됐다.

# 일본 도시바에
# 올라타라!

일본 정부가 독도는 일본 땅이며 한국이 불법 점거하고 있다는 내용을 담은 교과서들을 학교에서 사용해도 된다고 허용했다. 이들 교과서 가운데 위안부 문제가 한일 합의로 종결되었다는 내용도 있다.

올해 실시한 일본 내 여론 조사에서 일본 정부가 부산 일본 총영사관 앞에 소녀상이 들어선 데 반발해 주한 일본 대사를 소환한 것을 80% 가까이 찬성했다고 한다. 한국과 일본은 가까운 지형적 위치에도 역사적으로 미묘한 관계가 있고 우리 국민으로서는 아픈 역사를 가지고 있다.

20년 전 대학 졸업 후 나의 첫 직장은 한국의 대기업이었고 수출부에서 근무하던 나에게 일본 기업들은 항상 고난과 좌절을 안겨주었다. 내가 가는 곳엔 언제나 일본의 거대한 후지(FUJI)와 산요(SANYO)가 있었고 히타치(HITACHI)와 도시바(TOSHIBA)도 있었다.

제품 품질과 장인 정신이 열세였던 한국의 대기업들은 그들에게 기술을 전수받았고 나에게는 언제나 일본 기업들이 좌절과 눈물의 아이콘이었고 넘기 힘든 벽이었다. 가격을 내려도 해외의 고객은 '메이드 인 코리아(Made in Korea)'를 불신했고 '메이드 인 재팬(Made in Japan)'을 원했다. 대한민국의 기업들은 Made in Korea라는 원죄를 가지고 눈물을 머금고 가격을 내리고 또 내렸다.

최근 일본의 도시바가 해외 원전 사업 손실을 만회하기 위해 반도체 업체의 분사를 결정했다. 인수 기업을 찾는다는 소식이다. 나에게는 솔직히 최순실 사태, 대통령 탄핵, 장미 대선 등의 소식보다 더 큰 뉴스이다. 시대가 변해 20년의 세월은 한국에 새로운 기회를 부여하고 있다.

더 이상 일본 기업들이 두렵지 않기 때문이다. 현재 반도체 양대 산맥을 이루는 낸드 플래시 분야는 삼성전자가 독점적 세계 1위를 달리고 있고 SK 하이닉스가 5위를 달리고 있다. 만약 한국 기업이 도시바를 인수한다면 한국 기업은 일본 기업들을 압도하게 된다.

K-팝은 J-팝을 누르고 있고 한류 문화는 아시아 대부분 국가에서 환영받는다. K-드라마는 아시아의 안방 시장을 점령하고 있다. K-푸드와 한국의 프랜차이즈 브랜드는 아시아 지역 백화점의 일본 브랜드를 밀어내고 있다. 시세이도와 가네보로 대변되던 일본 화장품에 설화수와 대한민국의 K-뷰티는 밀리지 않는다.

한국의 가전 업체들은 미국의 월풀을 제치고 미국 시장의 프리미엄 가전 시장 선두를 차지하고 있다. 얼마 전 터키의 3조 원의 건설 프로젝트는 일본 총리가 직접 지휘하는 일본 컨소시엄과의 경쟁에서 대통령이 직무 정지된 상태인데도 대한민국 기업에 돌아갔다.

20-30%가 저렴해도 Made in Japan을 선택했던 해외의 고객들은 동일한 가격임에도 대한민국의 브랜드를 선택하고 있다.

주식회사 대한민국호는 이렇게 진군 중이다.
제4차 산업혁명의 시대에서 대한민국호는 아시아의 1위를 쟁취할 수 있다.

이제 일본에 피해 의식을 가질 필요가 없다. 더 이상 지나간 역사에 얽매이지 않아도 된다. 무너진 세계의 장벽은 한국의 실력과 자금을 기다리고 있고 각국의 기업들을 인수할 기회를 부여하고 있다.

일본의 대기업 도시바를 인수하라.
도시바에 올라타라.
승자의 저주가 온다 해도 올라타야 한다.
전쟁터에서 고통스럽게 죽어간 위안부 할머니들의 한을 가슴에 품고 용감하게 올라타라.

이제 옷을 갈아입고 신발 끈을 묶자.

출발할 시간이다.

— 2017. 5. 11일 자 코리아 아이티 타임스

# 전안법 시행하면
# 정말 안 된다

정부가 '전기용품 및 생활용품 안전관리법', 일명 '전안법' 시행을 1년 유예한다고 공지했다. 애초 올해 1월 28일부터 공산품 및 전기제품에 적용했던 전기안전관리법과 의류나 가방 등에 적용했던 생활용품안전관리법이 합쳐진 전안법을 시행하려고 했지만, 내년 2018년 1월로 KC 인증 게시 의무화를 늦췄다.

새로운 전기용품 및 생활용품 안전관리법은 KC 인증을 받지 않았거나 KC 인증 표시를 하지 않은 전기용품 및 생활용품의 제조, 판매, 수입, 구매대행, 판매중개를 할 수 없도록 규정하고 있다.

판매 제품마다 인증비용을 내야 해서 영세사업자 및 영세제조업자 및 구매대행 사이트 또는 병행 수입업자에게는 직격탄이다. 신발이나 의류처럼 전기 제품과 관련 없는 품목도 일일이 인증을 받아야 하는 상황이라 동대문, 남대문 상인을 포함한 영세상인 및 영세제조업체들은 화가 나 있을 것이고 정부를 원망하고 있을 것이다. 또 KC 인증을 받기 위해서는 품목당 수십만 원에서 최대 수백만 원까지 든다고 한다.

인증비용이 소비자 판매가격에 반영될 수 있고 오픈 마켓 등의 국내 인터넷 쇼핑 사이트는 대부분 규제 대상이다. 반대로 해외 사이트는 전기용품 및 생활용품 안전관리법의 적용을 받지 않아 역차별이라는 문제가 대두된다.

논란이 된 전안법은 한 오픈마켓의 공지가 발단이 됐고 오픈마켓 측은 최근 입점 업체에 '1월 28일부터 전안법이 시행되기 때문에 KC 인증서가 없는 업체는 입점할 수 없다'고 통보했다고 한다.

하지만 아마존, 알리바바 등 해외 사이트는 전안법 대상에서 제외됐고, 제대로 된 공청회도 거치지 않고 국회에서 통과됐다고 한다.

지금 무엇을 하고 있는 것인가?

전기용품 및 생활용품 안전관리법의 취지는 좋다.

그러나 시행은 영세상인 및 영세제조업체의 현실을 고려했어야만 했다. 영세상인과 영세제조업자들은 대부분 KC 인증을 받을 능력이 없다는 것을 간과했고 전안법의 실무적인 이해가 부족하지 않았나 하는 생각이 든다.

병행수입은 수입업체의 독점적인 이윤 추구를 견제하는 한 방법이 되는 부분도 생각했어야 했고 전기용품 및 생활용품 안전관리법이 물가상승의 요인이 된다는 점 그리고 영세상인의 어려움을 좀 더 깊이 생각했어야 했다.

전기용품 및 생활용품 안전관리법이 시행되면 한국의 대기업과 중견기업에는 큰 문제가 되지 않는다. 자금과 조직 및 시스템이 준비된 규모가 있는 기업은 한시적으로 빠르게 준비할 수 있기 때문이다.

문제는 동대문, 남대문의 영세상인과 영세제조업체 및 소규모의 병행수입업체 및 온라인 판매업체 그리고 열악한 환경의 제조업체들이다.

이러한 소규모 업체는 자금도 부족하고 인증에 대한 이해도 부족하며 이러한 대부분 영세업체들은 전기용품 및 생활용품 안전관리법을 준비할 능력이 없다.

아마 전기용품 및 생활용품 안전관리법의 시행으로 인해 많은 영세상인들이 밤잠을 설치고 있을 것으로 생각되며 시행 시에는 사업을 포기하는 업체들이 상당수 있을 것으로 생각된다.

의외로 대한민국에는 가내 수공업 형식의 영세제조업체들이 많이 있고 심지어는 1~2인 또는 집에서 온라인 쇼핑몰을 운영하는 사업가들도 많이 있다.

그들은 이러한 인증획득을 위해 물어물어 수수료를 부담해 가며 준비하려 하고 있을 것이며, 경기 침체의 어려움 속에서 정부를 원망하고 있을 것이며 적지 않은 사업체가 이참에 사업을 접으려 할 것이다.

이러한 인증획득에 관련된 문제에 대해 정부의 전체적인 소기업 및 영세업체에 대한 전체적인 지원 방안과 정확한 실무적인 이해가 절실하다.

좋은 기술을 가지고 있는 많은 중소 업체들이 미국의 UL과 ETL, 캐나다의 CSA, 유럽의 CE, ROHS 등 외국 인증의 벽 앞에서 무너지고 있다. 수천만 원의 인증 비용은 이들에게 너무 무거운 벽으로 다가온다.

설사 유럽, 미주 수출을 포기하고 동남아에 수출하려고 해도 관세 절감을 위한 복잡한 원산지 서류 작성은 중소기업의 경쟁력을 또 잃게 한다.

수출을 위한 인증 지원책 및 인증 획득 절차의 전면적인 검토 및 지원이 재고되어야 하는 이유이다.

정부와 영세업체에 관계된 모든 유관기관에 말씀드린다. 인력과 자금이 어려운 영세제조업체와 소기업은 절차와 서류가 복잡하면 대응하지 못한다.

다시 한 번 말씀드린다.

소기업과 영세업자의 지원과 인증을 포함한 관련 절차를 간소화하고 쉽게(Easy) 그리고 단순화(Simple)해야 한다. 그것이 국가 경쟁력이고 영세업체를 위하는 길이다.

의외로 하루 벌어 하루 먹고 사는 영세업체가 대한민국에는 많이 있다는 점을 반드시 기억해야 한다.

— 2017. 5. 1일 자 코리아 아이티 타임스

# 정당한 재산은
# 존중되어야 한다

　자본주의 이해를 위해서는 먼저 미국과 미국인의 가치관을 연구해볼 필요가 있다. 자본주의의 대표적인 국가인 미국이 중요하게 여기는 가치는 개인의 자유와 자주, 기회의 균등과 경쟁, 물질적인 부와 근면이다.

　미국 경제학은 완전경쟁을 이상적인 시장 형태로 꼽고 노력의 대가에 의한 부의 축적을 신성히 여기고 근면 사상은 미국인의 기본 이념이다.

　제임스 메디슨은 개인 부의 차이는 노력의 차이를 나타낸다고 했다. 유럽에서는 귀족이 존경받고 중동에서는 종교 지도자가 존경받지만, 미국에서는 카네기, 록펠러같이 물질적인 성공한 사람도 존경받는다.

　이러한 미국의 가치관은 노동은 신성하다는 것과 근면의 원칙이다.

그들의 가치 기반은 청교도의 윤리이다. 청교도 윤리의 핵심은
자기 향상, 물질적 성공, 근면, 박애 등이다.

기업가의 근원은 상인이다. 장사를 좀 크게 하면 거상이라고 했
다. 큰 거상이 오늘날의 기업가다. 자본주의에서 기업가의 위상은
많이 변했다. 미국에서의 카네기와 록펠러를 생각하면 된다.

조선 시대에서는 상업왕 임상옥이 있었다. 임상옥은 홍경래의
난이 평안도에서 일어났을 때 정부에 협조해 난을 진압했고 당
시 세도가인 박종경의 권세에 힘입어 조선의 인삼을 독점할 수
있었다.

임상옥이 인삼교역에서 번 돈이 약 1백만 냥, 당시 조선 비축 금
고(예산)가 42만 냥에 불과한 점을 보면 얼마나 부자인지 짐작할 수
있다.

그는 재물은 물이라고 하였고 독점하려면 그 재물에 의해 망할
것이라고 하였으며 이익을 남기는 것은 작은 장사이고 사람을 남기
는 것은 큰 장사라고 했다고 한다.

내 생각은 단순하다.

정당하게 일을 해서 모은 재산은 존중되어야 한다는 것이다.

부자라고 해서 적폐의 대상으로 보아서는 안 된다.

# 중국의 반란

메이드 인 차이나(Made in China).

그동안 값싼 노동력으로 '세계의 공장'으로 불리었던 중국의 반란이 일어나고 있다. 특히 스마트폰과 스마트 TV, 반도체, 드론, 우주 산업 등 첨단 기술 분야에서 빠른 성장을 보이고 있어 한국의 고전이 예상된다.

시장조사업체 스트래티지 애널리틱스(SA)에 따르면 화웨이, 오포, 비보의 약진이 눈에 두드러진다. 오포와 비보는 싼값이 아닌 최고의 기술에 집중했다.

글로벌 스마트 TV 시장에서도 중국은 선두를 차지했다. 시장조사기관 IHS에 따르면 중국은 작년 40.8%의 시장 점유율을 차지했다.

특히 중국은 유기발광다이오드(OLED)에 패널업체인 BOE와 TV 제조사 스카이워스가 협력하여 중국 OLED TV를 선보였다. 현재 시장을 주도하고 있는 LG에 도전장을 내민 것이다.

첨단 기술의 집약체라고 할 수 있는 우주산업에서의 중국의 활약은 대단하다. 이미 2014년에 미국과 러시아에 이어 세계 3번째로 달 탐사 위성 착륙에 성공했다.

중국은 제조 강국을 위한 '중국 제조 2025' 계획을 통해 '메이드 인 차이나'에서 '크리에이티드 인 차이나(Created in China)'로 전환 중이다.

제조 2025 프로젝트를 통해 중국은 2035년까지 중국의 경쟁력을 미국, 독일, 일본 수준으로 향상시키고 2049년 세계 1위를 차지하겠다는 포부를 지니고 있다.

한국은?

# 지금이나
# 별 차이 없다

공해니 환경이니 하는 말은 배부른 소리로 치부됐다. 성장과 수출을 위해서라면 어떤 무리도 감수했다. 특혜성 정책과 지원이 뒤따랐고 정경유착이 자연스럽게 이루어졌다. 20~30년 전 우리 이야기다.

수출입국이라는 캐치프레이즈가 온 나라를 뒤덮었고 머리카락까지 수출했다. 수출이라면 모든 것이 무사통과 되었다. 그러다 보니 숱한 부작용과 폐해가 남는 것은 당연했다.

갑자기 세계화로 야단들이다. 청와대는 청와대대로, 각 부처는 부처대로 세계화해야 한다고 법석을 떨고 있다.

김 대통령의 세계화 선언을 한 이후의 일이다.
이러한 법석은 아직 우리가 세계화되어 있지 않기 때문인가.

그런데 요즘의 특징은 정부 쪽에서만 요란을 떨고 있는 점이다. 대기업들이야 벌써 오래전부터 세계화를 하고 있었으니 새삼 법석을 떨 이유가 없는 것이다.

… (중략) …

경제 국경이 사라진 지구촌 경제 시대는 경쟁도 치열해지지만 잘만 하면 세계 시장이 우리의 시장이 될 수 있음을 의미한다. 결국, 문제는 경쟁력이다.

1995년 5월의 국내 주요 일간지의 경제 칼럼이다. 22년 전이다.

5년 전으로 더 돌아가 27년 전으로 가보자. 1990년 4월 일간지의 경제 칼럼이다.

마침내 물가 안정대책이 발표될 모양이다. 출범 이후 성장 우선 정책 기조를 분명히 하던 경제팀이 서둘러 물가 안정대책을 마련하고 있는 것은 그만큼 최근의 물가 폭등 현상과 부동산 투기가 심각한 지경에 이르렀기 때문이라 할 수 있다.

… (중략) …

더구나 새로 출범한 현 경제팀의 지나치게 성급하고 의욕적인 경기 대책도 마음에 걸린다.

··· (중략) ···

지금 우리 정부가 해야 할 일은 성급하게 행정력으로 규제하고 밀어붙이기보다는 솔선수범해서 인플레를 단절하겠다는 확고한 의지를 보이는 것이 중요하다.

무엇보다 물가 안정과 투기 근절을 위해 어떤 희생도 무릅쓰겠다는 정부의 각오를 분명히 해야 한다.

이 칼럼의 제목은 '경제, 성급해서는 안 된다'이다.

여기서 더 2년 전으로 가보자. 1988년 4월 주요 일간지의 경제칼럼이다.

'이제 더 기다릴 여유가 없다.'
지난 연초부터 한국의 시장을 개방하라고 강력하게 요구해오던 미국의 요즘 분위기는 마치 한미 두 나라 사이에 당장 무역전쟁이라도 터질듯한 막바지 긴장감마저 감돌고 있다.

미국의 수도 워싱턴 DC에서 만난 미 정부 관리나 의회 관계자 그리고 업계 사람들의 목소리는 한결같았다. 한국도 이제는 시장을 개방해서 미국 상품을 더 많이 사달라는 것이다.

'선거가 있으니 좀 더 참아 달라', '법을 고쳐야 하니 시간이 더 필요하다'라는 얘기는 더 이상 듣지 않겠다는 강경 분위기가 역력했다.

… (중략) …

미국 정부 관리들의 시각은 한국이 미국 시장에 자동차와 반도체까지 수출해 많은 무역흑자를 내면서도 이런저런 핑계로 시장 개방을 미루거나 수입장벽을 쌓는 것은 더 이상 참을 수 없다는 분위기였다.

… (중략) …

그만큼 미국의 사정이 급박해졌기 때문이다. 물론 미국 정부나 의회 일각에서는 한국의 최근 시장 개방 노력을 인정하고 있었다. 그러나 미국의 입장은 단호했다.

이 칼럼은 약 30년 전의 국내 일간지의 경제 칼럼이다.
지금과 별 차이 없다.

# 진짜 세상에서
# 냉면을 먹는다는 것

    고립의 시대. 목민심서의 글처럼 바르게 사는 것도 중요하고 즐겁게 사는 것도 필요하다. 건강한 공동체에서 같이 호흡할 수 있다면 그것은 큰 축복이다. 만약 그것이 힘들다면 혼자서도 시간을 즐길 수 있는 능력은 매우 중요하다.

    아침에 일어나서 신문을 집어 드는 것, 나의 첫 일과이다. 2가지의 아침신문과 영어 신문 1부를 옆에 놓고 커피를 내린다. 물이 끓는 동안 스마트폰을 켜고 '코리아 IT 타임스(koreaittimes.com)'에 접속한다.

    커피를 마시고 동네 편의점에서 경제 신문을 한 부 사고 콘플레이크로 아침 식사를 대신하려고 우유가 진열된 쇼케이스로 간다.

    이제 기업들은 고객의 다양한 요구에 적극적으로 대응하기 시작했다. 우유를 보면 초콜릿 우유, 커피 우유, 바나나 우유로 가다 딸기 우유, 멜론 우유로 가더니 코코아 우유, 모카치노 우유, 캐러멜 마키아토 우유, 카페 돌체 우유까지. 어느 대학교에서 운영하는 곳에서는 마카다미아 초콜릿 우유와 믹스너츠 우유를 출시했다.

덴마크 요구르트 플레인, 베리 믹스 우유까지. 급기야 나는 오늘 빨간색의 수박 우유를 샀다.

거기에 기능성으로 들어가 저칼로리, 총명해지는 우유까지 세어 본다면….

아마 지금 우유 회사 연구실에서는 자두 우유, 복숭아 우유, 아보카도 우유, 오이 우유, 호박 우유도 테스트하고 있을 것이다. 부디 햄 우유, 김 우유, 고등어 우유는 나오지 않기를 기도해본다.

신문에서 외출 시 모자와 눈 보호를 위해 선글라스를 착용하라고 한다. 작은 가방을 들고 오늘은 서점 계단에 앉아 잡지를 읽으려고 마음먹는다.

버스정거장의 고마운 LED 표시판은 '8분 후 버스 도착'이라고 친절하게 안내해준다.

오늘의 핫 이슈는 GM의 한국 철수다.
비즈니스 칼럼니스트인 나의 최대 관심사는 경제이고 역시 기업이다.

GM은 2조 원씩 적자가 나는데 경영진에서 철수를 고려 안 한다면 오히려 이상한 것이다. 노조는 파업을 결정했다고 한다. 직원들과 하청 협력회사, 그 가족까지 하면… 30만 명+가족들.

GM 노조가 진지하게 고려해야 하는 점이 있다. 현대자동차와는 다르다. 한국 GM 주식회사는 지분의 70% 이상이 외국 지분이다. 한국 기업이 아니다.

GM 노조가 신중하게 대처해야 하는 이유이다. 부디 버스 떠나고 후회하지 않기를.

내가 좋아하는 잡지는 최소 50가지가 넘는다. 오늘은 한국판 에스콰이어, GQ와 뉴요커(NEWYORKER), 와이어드(WIRED), 파퓰러 사이언스(POPULAR SCIENCE)를 읽기로 했다.

잡지는 소소한 즐거움을 준다. 요즘은 잡지 가격보다 더 비싼 부록을 줄 때도 많이 있다.

올해 내가 사용하는 네이비색(Navy Color)의 수첩은 올초 한 잡지의 부록이다. 잡지의 부록 정보를 공유하는 온라인 동호회가 몇천 명이라 한다. 세상은 이제 소소한 것으로도 연결되어있어 재미

있다.

쇼핑몰에 가니 새로운 브랜드가 많이 있다. 나는 중저가의 브랜드 제품이 고가 제품에 비해 품질이 크게 나쁘지 않다는 생각을 한다. 같은 제품이라도 어떻게 브랜딩(Branding) 하느냐에 따라서 가격 포지션은 결정되기 때문이다.

ZARA나 유니클로. 이런 브랜드보다 더 저가인 인디고 뱅크의 품질이 못할까?

그럼 시장이나 지하상가의 제품이 저가 브랜드보다 더 쌀까?
젊은 시절 명품에 집착했던 시절이 있었다. 생각하면 웃음이 나온다.

지금 나는 중저가 브랜드의 누워있는 제품과 세일 제품이 품질 대비 가장 가성비가 좋다는 생각을 하고 있다. 양질의 중저가 브랜드는 진짜 사람들이 살아가는 세상이다. 디자인이 좋은 착한 가격의 브랜드 개발은 기업의 하나의 의무라는 생각을 가끔 한다.

점심 식사도 넉넉하고 넘친다면 고급 식당에서 먹으면 되고 나는 내가 가끔 먹고 싶어지는 크림치즈 베이글과 복숭아 아이스티를 먹기 위해 신촌 방향의 전철을 탄다.

기업들은 고객에게 저렴하지만 좋은 분위기에서 즐길 수 있는 브랜드를 많이 만들어 주어야 한다.

나는 요즘 유행하는 유기농 식품에 그렇게 많은 관심을 갖지 않는다. 이것도 진짜 세상에서는 유기농이 꼭 아니더라도 양질의 야채와 식품을 누군가가 잘 공급해 주면 된다는 생각이다.

진짜 세상의 사람들은 한정판(Limited Edition)을 원하는 것이 아니고 자기만의 차별화된 유일무이한 제품을 찾는 것도 아니므로.

20년 전쯤 일본에서 'MUJI'(무인 양품)의 매장을 보았고 한국에도 이런 매장이 있으면 좋겠다는 생각을 했다.

한국의 대기업에서 런칭한 '노 브랜드'라는 매장을 방문했다. 저품질, 저가격의 제품을 진짜 세상이 원한다면 중국의 이우나 인도의 사드르 바자르 도매시장으로 가면 된다. 노 브랜드의 콘셉트가 좋아 보인다.

이태원의 식당들이 생각나서 전철역에서 내렸다. 전에 와서 좀 촌스럽다고 생각한 호텔 쇼핑센터는 리뉴얼 중이고 역시 이태원의 꽃은 식당인 것 같다. 이태리, 터키, 그리스, 중국, 일본, 파키스탄, 태국, 쿠바, 캐나다, 프랑스, 베트남, 멕시코 참 많다.

오늘은 트럼프 미국 대통령 때문에 마음고생이 심한 멕시코 음식으로. 미군 기지가 평택으로 이전하고 있다고 하는데. 평택 하면 유명한 평양식 냉면집이 생각난다.

# 대한민국 대표
# 스타트업 등장을 기대한다

    나는 여러 번 내 칼럼을 통하여 한국의 미래는 대한민국의 스타트업 기업에 달려있다고 했다. 앞으로의 한국경제를 견인할 스타트업 문화 창출은 진정으로 중요하다.

    〈포춘〉의 부편집장인 레이 갤러거는 『에어비앤비 스토리』라는 책에서 에어비앤비 회사나 웹사이트 곳곳에 '어디서나 우리 집처럼(Belong Anywhere)'라는 문구가 이 회사의 핵심 미션이라고 했다.

    가난한 세 청년이 집세를 마련하기 위한 창업한 에어비앤비.
    기존의 비즈니스 생태계를 흔든 그들은 창업 10년 만에 기업가치가 300억 달러에 도달했고 레이 갤러거는 에어비앤비의 이 매력적인 역사를 잘 전달하고 있다.

    다보스 포럼 회장 클라우드 슈밥은 제품을 생산하지 않고 단지 새로운 시스템을 바탕으로 생활 방식과 소통하는 법을 변화시켰을

뿐인데 이러한 모델이 바로 우리 앞에 쓰나미처럼 밀려올 4차 산업 혁명의 본모습이라고 했다.

KT 경제 경영연구소가 발간한 『한국형 4차 산업혁명의 미래』에서는 미래 한국을 이끌 7대 주력 산업으로 스마트 에너지, 스마트 보안, 미디어 산업 오디세이, 스마트시티, 핀테크, 스마트, 스마트팩토리를 꼽았다.

나는 더불어 우버, 에어비앤비, 스냅 등과 같이 기존의 자산을 최대한 활용한 한국을 대표할 스타트업의 탄생을 갈망하며 기다린다.

# 한국의 기업들이
# 자랑스럽다

한국의 기업들이 자랑스럽다. 대기업도 마찬가지다.

나는 IT 강국의 대한민국과 외국 공항을 수놓는 삼성, 현대, LG, SK 광고판이 새겨진 수레(Cart)를 가져오기 위해 기꺼이 달려간다. 수레에 짐을 올리고 삼성의 휴대폰과 이어폰을 끼고 LG 노트북을 들고 현대 기아차 택시를 기꺼이 찾는다.

코리안인 것이 자랑스럽다.
동남아 백화점의 한국 빙수 매장에서, 남대문 시장 출신의 액세서리 매장을 고급 쇼핑몰에서 발견하고, 휴게소에서 보던 호두과자를 사기 위해 즐겁게 줄을 서서 기다린다.

대한민국의 제과점과 커피 프랜차이즈 매장이 보인다. 대한민국의 K-POP 춤과 노래를 TV에서 보고 K-드라마에 집중하는 외국인을 보며 대한민국을 잘 브랜딩(Branding) 해주신 선배님들과 후배들이 진정으로 감사하다.

미국 대통령이 환태평양 경제 동반협정을 탈퇴했다. 북미자유무역협정을 재협상한다고 선언했다고 한다.

베트남과 멕시코에 생산기지를 둔 기업들은 비상이 걸렸다. 중국 진출 기업들도 걱정이 많다. 자유무역을 기반으로 글로벌 진출이 운명인 한국 기업에는 새로운 도전을 필요로 하게 되었다.

자급자족할 수 없는 한국에 세계시장 진출은 운명이다. 한국의 기업들이 아무리 세계의 1등 제품을 만들어도 지식인들과 정치인들은 대기업이란 이유로 문제가 많다고 비판한다.

중소기업 위주의 대만은 무모할 정도의 도전정신으로 반도체, 자동차 사업에 뛰어들어 글로벌 기업을 키워낸 대한민국이 부럽다고 한다.

중소기업과 균형 발전을 하지 못했다는 원망과 비판은 대선으로 이어져 모든 후보들이 대기업 및 기업 규제 공약을 하루를 멀다 하고 쏟아 낸다.

중소기업이 대부분인 대만은 중소기업형 경제로 균형 발전했지만, 지금은 시스템과 조직력의 열세로 기술을 대부분 중국으로 뺏

겨 고전 중이다.

대만의 유명한 많은 경제학자들이 한국을 부러워한다. 대만의
TV에서는 얼마 전 한국 기업을 배우자는 주제로 패널들의 열띤 논
쟁이 벌어졌다.

그런데 정작 한국 사회는 오랜 고통을 인내하고 사업을 개척해온
기업들의 성과를 인정하지 않는다.

세계는 지금 군사 전쟁이 아닌 상시 경제 전쟁의 시대이다.
대한민국의 기업들은 이 전쟁에서 살아남기 위해 밤잠도 자지 못
하고 야간 행군 중이다.

전투의 상대는 약하지 않다.
앞에서는 일본의 파나소닉, 소니, 도요타, 후지. 도시바, 미쓰비시
가 버티고 있고 뒤에서는 대만의 홍하이(폭스콘)와 중국의 하이어,
샤오미, 화웨이, 오포 등이 무서운 속도로 따라오고 있다.

미국의 GE, 애플, 독일의 자동차 회사들과 지멘스, 스웨덴의 일
렉트로룩스, 네덜란드의 필립스, 프랑스의 슈나이더 일렉트릭
등…. 이름만 들어도 숨이 벅차다.

중국은 2016년 〈포춘〉 세계 500대 기업 순위에 3개의 메이저

석유, 에너지 회사가 10위에 진입해 있고 자그마치 110개의 기업이 500대 기업이 진입해 있다.

대한민국의 기업들은 일본, 대만, 중국과 치열한 경제 주도 전투를 하고 있고 미국의 기업들과 경쟁해야 하며 제조 엔지니어링의 세계 최고인 독일 그리고 유럽의 기업들과 힘겹고 고통스러운 경쟁을 하고 있다.

세계의 거대한 경쟁자들은 세계 최첨단의 IT 기술과 시스템으로 다가와서 대한민국 기업들을 목 조이고 있는데 야전 전투 경험이 없는 대한민국 최고의 지성인들은 힘든 전투를 하는 대한민국의 기업들에 천천히 가라 하고 소총으로 맞서 싸우라고 한다.

# 한국의 젊은 사업가들, 자신을 가져도 된다

2017년 많은 사람들이 첨단 기술 분야에 종사한다. 우버의 힙합이 전통적인 클래식의 제너럴모터스의 시가 총액보다 몇억 달러 더 많은 시대다.

이제까지 정경유착을 통한 한국의 기업 성장을 누구도 부인할 수 없다.

세상은 공평치 않았다. 지금도 맨해튼(Manhattan)의 길거리 피자집의 8조각 피자의 크기는 모두 다 다르다. 고객들은 같은 값을 지불하지만, 조각 피자 슬라이스(slice)의 크기는 다 다르다.

100% 평등한 사회는 없다. 이태리식의 피자와 프랑스식의 피자의 크기는 원형만 같을 뿐 사이즈도 다르다.

하지만 지금의 시대는 열정을 품고 비전과 가치를 품은 젊은 기업가들에게 많이 공정한 경기장을 제공한다.

SNS는 세계 곳곳을 연결하고 그 비용은 거의 없다고 해도 무방하다. 그것도 실시간으로.

에어비앤비를 보면 지나간 10년도 안 되는 기간 동안 190개국과 3만5천 곳의 도시와 협력하여 이제는 일일 예약자 수가 세계적인 호텔 체인을 모두 합한 것보다 많다. 이런 회사가 숙소에 방 하나, 침대 하나를 가지고 있지 않다는 것은 많은 것을 생각하게 한다.

작년 에어비앤비의 가치는 34조 원이다. 쓰고 있던 방의 월세를 내기 위해 사업을 시작했다고 한다.

이 시대에서 틀에 박힌 사업 계획서의 시대는 지나가고 있는 듯하다. 사업은 누구도 예상 못 하는 곳으로 진화하고 있다. 한국의 젊은 스타트업(신생 벤처 회사) 사업가와 예비 창업가에게 말하고 싶은 것은 세상의 보이는 모든 것을 활용할 수 있다는 것이다.

2007년 스티브 잡스는 스마트폰의 출시로 기업가의 쇼룸이 반드시 필요하지 않게 만들었고 전문 사진가의 필요성을 해결해 주었다. 고마운 일이다.

아마존의 제프 베조스를 보면 온라인 서점에서 시작해서 알렉사 프로그램에 1천 명이 넘는 인원을 투입하고 있다. 그는 상상을 현실화하는 작업 중이다.

넷플릭스는 일일 총 사용자의 시청 시간이 1억2천5백만 시간이다.

스티브 잡스 대신 팀 쿡이 이끌고 가는 애플은 애플 워치가 부진했지만, 애플 뮤직 같은 서비스로 리부트 했다. 애플의 시가총액은 GE와 존슨앤드존슨의 시가 총액과 비슷하다.

디스커버리는 서비스 개시 첫해에 조회 수 6천만 회를 기록했다.

구글의 모회사인 알파벳은 시가 총액에서 애플을 제쳤다. 알파벳의 가정용 스마트 기기 부문인 네스트는 알파벳의 큰 자산이다.

스냅챗은 조롱거리가 된 인스타그램에 유사 서비스 영감을 주었고 20조 이상의 가치를 확보하고 있다.

우버 또한 세계 최대의 차량공유회사이지만 한 대의 택시도 가지고 있지 않다.

무소유가 지금은 모든 소유를 의미한다.
보이는 모든 것이 스타트업이 활용 가능한 시대이다. 사업 인맥

이 필요하다면 이제 링크드 인을 활용하면 되고 페이스북과 트위터, 인스타그램과 위챗, 카카오톡, 라인 등은 이미 세상의 사람들을 서로 촘촘히 연결하고 있다.

많은 사무실이 공유하도록 허락되어 있고 공유 사업 또한 팽창하고 있다. 비전과 가치를 같이하는 동업도 좋은 방법인 것 같다. 동업하면 안 된다는 말은 지나간 구시대적인 생각이다. 한 사람이 모든 것을 잘할 수는 없다. 같이 윈윈하길 바란다.

이제 한국의 젊은 사업가들은 자신감을 가져도 된다.

# 파이팅
# IT 강국 코리아

　일본에서 아시아 리더 결정과 독도, 위안부 문제를 야구 경기로
결판을 내자는 제안을 해왔다. 대한민국은 상대적으로 자신 있는
축구로 해보자고 했고 일본이 자신만만하게 받아 주었다. 각국의
대통령과 총리는 주장과 동시에 골키퍼를 하기로 했다. 한국은 1차
전은 안철수 후보가 2차전은 문재인 후보가 골키퍼를 하기로 했고
일본은 총리가 골키퍼다.

　경기 전 일본의 아사히(ASAHI) 신문은 한복을 '코리아 기모노'라
는 기사를 쓰고 독도가 일본땅이라는 칼럼을 실었고 미국과 유럽
으로 이 기사를 타전했다.

　조선일보는 급하게 일본 기무치보다 한국의 김치가 원조라는 기
사를 타전했다. 이번엔 한겨레신문이 조선일보의 기사를 그대로 실
었다. KBS, MBC, SBS도 신속히 보도했고 JTBC의 뉴스룸도 미국
의 CNN 방송에 한국의 입장을 전달했다. 대한민국의 언론이 이번

시합을 계기로 정파를 초월한 새로운 저널리즘을 탄생시키고 있다.

일본은 겐조가 유니폼을 디자인했고 한국은 양으로 승부하는 이랜드의 수석 디자이너가 만든 유니폼을 입고 있다.

대한민국은 전방에 삼성, LG, 현대기아자동차, SK가 포진한다. 이들이 한국의 공격을 전담한다. 일본도 전방에 도요타, 소니, 파나소닉, 도시바를 포진시켰다. 새로운 국적을 가진 샤프는 대기 멤버다. 대한민국은 KT가 볼을 공급하는 역할을 한다. SK는 일본 최대의 반도체 회사이자 낸드플래시(Nandflash) 시장 2위 업체인 도시바를 주시한다.

그 조금 밑으로 SM, YG, JYP 등의 한류 엔터테인먼트 업체가 몸을 풀고 있다. 일본의 노장 X-JAPAN과 J-POP이 긴장을 하며 K-POP을 주시하고 있다. 그리고 LS와 한화가 좌측 수비를 담당하고 GS와 신세계가 스타트업(Startup) 기업 및 벤처 기업과 함께 수비를 담당한다. 효성과 두산도 몸을 풀고 있다. KT가 수비 위치를 동료 선수들에게 알려준다. KT는 일본의 NTT를 전담 마크하게 된다. 포스코와 농협이 KT 뒤를 지원해준다.

롯데가 CJ와 함께 허리를 맡는다. 소프트뱅크의 손정의 회장은 한국 벤치에 손을 흔들고 일본 응원석에 앉았다.

미국은 일본에 조금 가까운 관중석에 앉아있고 역시 오랜 관계를 맺은 대부분의 동남아 국가들이 일본의 관중석 쪽으로 앉아있다. 대만과 베트남만 예외적으로 한국 응원석에 앉아있다. 후반 없이 50분 경기로 FIFA 측과 합의되었고 주심은 스위스이고 미국과 유럽에서 각 1명의 부심으로 오스트리아 빈 경기장에서 경기가 열리고 있다. 빅뱅과 한류 스타를 본 아시아의 젊은 관중 층들이 한국의 응원석으로 자리를 옮기고 있다. 유럽의 전문 도박사들은 8:2로 일본의 우세를 점친다.

중국은 아시아의 리더는 자신들이라며 만약 이 시합에 참가하면 한국과 일본에 경제 보복을 하겠다고 경고했다.

하지만 대부분의 미국, 유럽, 아시아, 중동 국가들은 흥미진진하게 이 게임을 지켜본다. 앞으로 제4차 산업혁명에서 아시아의 리더가 될 이 게임에 관심은 집중되고 미국과 사우디아라비아가 스폰서로 광고 계약을 했고 몇몇 유대인 회사가 한국의 광고 스폰서가 되어주었다. 카타르 항공이 삼성의 출전 여부를 확인 후 역시 한국의 광고 스폰서가 되어 주었다.

후보 선수로 어제 갑자기 연락받고 온 피곤한 기색의 중소기업들이 앉아 있다. 자금을 구하다 호출된 한국의 중소기업체들은 구겨지고 때 묻은 유니폼을 입고 있고 신발은 해져 있다. 벤치에 앉아있는 신한, KB, 하나, 우리, NH 농협 등의 은행권들은 고개를 숙이고 걸어오는 이들을 외면하고 있다.

무슨 시합인지 모르고 불려 온 한국의 동대문과 남대문 업체들이 스타일난다(STYLENANDA)와 레드아이(REDEYE) 뒤에 줄을 서 있다. 글로벌 경험이 있는 코치를 영입해와 K-패션의 선수로 육성해야 된다. 실무 경험 없는 정부의 전안법 시행을 두고 동대문과 남대문 업체들은 화가 나 있다. 이번 기회에 사업을 접으려고 생각하는 곳도 상당히 많다.

국제 경기 경험이 있는 뚜레쥬르, 파리바게트, 이삭 토스트, 델리스 및 커피 프랜차이즈 업체들이 보인다. K-푸드 선수들이다.

설화수와 후(WHOO), IOPE, CLIO, 미샤 스킨푸드 등의 K-뷰티 선수들이 음료를 준비 중이다. 이제 K 앞에 글로벌(G)을 붙여야 할 때이다.

한미약품과 셀트리온이 선수들의 근육통 파스를 준비 중이다. 삼다수와 백산수와 석수가 생수를 지원했다. 박카스도 보인다.
구호는 '파이팅 IT 강국 대한민국'이다.

게임이 시작하자 일본의 주 공격수인 도요타가 현대기아차를 밀어붙인다. 막아 보지만 역부족이다. 다만 혼다, 닛산, 미쓰비시, 스바루, 마쓰다는 이겨주었다. 품질경영과 고급화 덕분이다. LG와

SK가 파나소닉을 마크하고 후방으로 가는 길을 봉쇄했다. 제 몫을 LG는 해주고 있고 SK는 요즘 돌파력이 눈에 띄게 좋아졌다. 방금 해외출장을 마치고 온 삼성전자의 삼성그룹은 몸이 무겁고 복잡하다.

하지만 역시 공격의 60% 이상을 담당하며 반도체와 휴대폰을 들고 일본의 대기업 사이를 종횡무진 휘젓는다. 대한민국의 스트라이커(Striker)인 삼성의 공격에 일본 팀은 당황하고 있다. 일본 팀은 산요의 은퇴가 아쉽다. 공격의 한 축을 담당해야 하는 건설과 3대 조선사 및 중공업의 부상으로 이번 게임에 뛰지 못해서 대한민국의 공격력이 많이 약해졌다.

GS, 대림, 대우 등의 건설은 2차전에서 뛸 수 있을 것 같으나 조선과 중공업의 2차전 출전은 불투명한 상태이다.

태양광 에너지의 한화가 몸을 풀고 있다. 그린 에너지와 스마트 그리드를 담당하는 LS는 다리가 무겁다. 한화가 그 자리를 지원하러 가고 있다. 한화도 몸이 무겁지만 일본에서는 한화 큐셀을 특히 경계하고 있다.

하지만 유럽 리그에서 잔뼈가 굵은 미쓰비시와 히타치, 후지를 상대하는 것이 힘들어 보인다. 일본은 이 포지션이 한국의 약점이라는 것을 알고 있다.

한국전력이 도쿄전력을 마크하고 있다. 일본의 덴소와 무라타 제작소가 준비하고 있지만, 한국에서는 이 포지션에 마땅히 대적할 선수가 없다. 캐논과 교세라가 몸을 풀고 있다. 한국은 대림과 부영이 벤치에서 일어났다.

대한항공과 아시아나 항공이 새로 구매한 신형 항공기로 선수들을 오스트리아 비엔나의 스타디움으로 편안히 이동시켰다.

한진은 지난번 골키퍼의 실수로 해상 물류를 잃어서 몸이 많이 무겁다. 리더의 바른 의사 결정의 중요성을 느끼게 한다.

안철수 골키퍼가 스타트업 및 벤처 기업들에게 더 공격적인 플레이를 하라고 한다. 24분경 도요타가 먼저 한 골을 넣었다. 현대기아차는 닛산, 혼다, 미쓰비시, 마쓰다는 잘 막았지만, 도요타를 막기엔 너무 무리다.

중소 제조업체는 유니폼도 빨지 못하고 자금을 구하다 와서 정신을 못 차리고 있다. 선수로 뛸 몸 상태가 아니다. 골키퍼를 원망스럽게 쳐다보고 있다. 대한민국이 관심 있게 돌보지 않으면 앞으로 선수 생활이 힘들지도 모른다.

두 번째 골도 일본이 36분경 성공했다. 유니클로다. 한국의 에잇 세컨즈와 스파오가 마크하러 뛰어갔지만 이미 늦었다.

K-드라마, K-팝, K-뷰티에 비해 K-패션은 중국 이외의 지역에서 약하다.

일본이 주전 도요타와 후지를 빼고 2진으로 선수를 교체했다. 승리를 자신하고 도요타와 후지를 2차전에 출전시키기 위해 쉬게 할 생각이다.

47분경 한국의 K-팝과 K-드라마가 CJ와 롯데의 패스를 받고 1골을 만회한다. 이미 50분이 다 되어가고 있다.

이때 추가시간에 한국의 스타트업 선수들이 전방 대기업의 보호 아래 70m를 단독 드리블하여 페널티 킥을 얻어낸다. 코트라(KOTRA)가 지원한다.

골키퍼가 생각한다. 스타트업이 대기업이 되는 것이 아닌 대기업과 스타트업의 협업을 말이다.

대기업들이 스타트업을 보호해주니 스타트업들이 무섭게 돌파했다. 앞으로 한국경제를 견인할 새로운 가능성을 발견했고 일본 벤치는 침울하다.

삼성, 현대, LG 중 주 공격수인 삼성이 무난히 페널티 킥을 성공시킨다. 1차전은 종료되었고 볼 점유율은 일본이 70%, 한국이

30%였다. 일본은 주 공격수 도요타를 벤치에 불러들인 것을 후회했다.

2차전은 무산되었다. 골키퍼 문재인 후보는 부산과 광주에서 열리는 전국체전에 전념할 생각이라고 한다. 대한민국의 구호는 '적폐 청산'과 '천천히 가는 경제' 그리고 쉽게 말하면 '알레그로 아다지오(ALLEGRO ADAGIO)'라고 한다. 영입한 유명 해외 프로리그 선수는 전국체전을 심도 있게 컨설팅하고 있다고 한다.

— 2017. 3. 20일 자 코리아 아이티 타임스

# 휴가

　전국을 누비는 친구가 지금은 여행을 가지 않는 것이 좋다는 전문가적 조언을 받아들이기로 했다. 4차 산업혁명 시대에 전문가의 의견은 정말 중요하다.

　얼마 전 20년 넘게 다니던 회사를 정리하고 새롭게 사업을 시작한 친구가 동네로 왔다.
　'남색 양복' 너무 더워 보인다.
　치열하게 살았던 20년 동안 넥타이를 풀어보지 못했는데 요즘 노타이라서 너무 시원하다고 한다.
　감사할 줄 아는 친구가 고맙지만, 인품이 너무 좋아 걱정은 된다.

　50대에 친구를 만나는 시간을 내긴 쉽지 않다.
　치열하게 살아가는 모습들은 가장으로서의 책임감이 엿보인다.
　오늘 미팅이 네 군데라고 한다.
　점심은 햄버거 하나 먹었다는데 맥도널드 아니면 버거킹 혹은 롯데리아에서.

40이 넘어 치킨을 창업해서 65세 때 실패하고 다시 성공한 사업가 얘기를 한다. 1,000번을 넘게 거절당했다는 KFC 할아버지 커넬 샌더스.

오늘은 내가 좋아하는 잡지를 보려고 시내 서점에 갔는데 이전을 했다는 안내문에 약도가 나와 있다. 위치를 기억하고 오늘은 가지 말자고 다짐한다.

옛말에 더위는 싸우는 게 아니고 피하는 것이라고 했다.
그래서 극서가 아니고 피서인가 보다.

시원한 쇼핑몰이나 백화점, 아웃렛의 에어컨 바람이 생각난다.

고급 명품 매장을 지났는데 내가 생각하는 진짜 세상은 몇몇 소수를 위한 럭셔리 명품이 아니다.
자라(ZARA) 유니클로(UNICLO), H&M 이런 곳이 아닐까?

앞으로 고객들과 친숙한 진짜 세상은 이런 곳이다. 에잇세컨즈와 스파오(SPAO), 미쏘도 분발하시길….

요즘 가는 곳마다 눈에 보이는 곳은 드럭스토어다.
올리브 영은 가는 전철역 근처마다 있고

한국을 제외한 아시아에서 주름을 잡고 있는

왓슨(WATSON)과 몇 개의 한국의 드럭스토어 브랜드들,

조만간 영국의 BOOTS도 들어온다고

하는데 이미 드럭스토어의 승패는 끝난 것 같은데.

적어도 한국에서는.

이마트와 손잡고 들어온다 해도 쉽지 않을 거 같은데….

그래도 적어도 이마트는 2류는 되므로 시장을 흔들 수는 있을
것 같다.

앞으로 세포라(SEPHORA)만 들어오면 한국 고객들은 괜찮을 것
같다.

기업들의 경쟁이 치열해지면 고객들은 행복해진다. 이것이 기본
경제 논리다.


오늘같이 더운 날은 에어컨 앞에서 쉬어가야 한다.


한국의 기업들은 착하다.

그냥 제품을 무료로 써 볼 수 있게 해준다.

대만이나 동남아에서는 향수의 꼭지를 뽑아

꼭 살 사람만 써보라는 식이다. 한국의 H&B(HEALTH & BEAUTY)
매장에 잠시 감사하고.


편의점에서

경제 신문을 사서 읽고 잠시 휴식을 취한다.

영화를 한 편 보려고 하는데 시간이 잘 맞지 않는다.


옆의 서점에서 잡지를 본다.
미국 이민 시절 보더스(BORDERS)에서
잡지를 보았던 추억을 되새기며.
2011년 보더스 그룹은 파산 보호를 신청했다.
여러 이유가 있겠지만 결국은 온라인 서점과 전자책에 굴복한 것
이다.
이건 흐름이다. 누구도 막을 수 없는.
미국 시골의 중소형 서점들이 보더스(BORDERS)에 의해 파산했던
것처럼.


이름 없는 가방들의 디자인이 좋아 보인다.
한국 사람들의 재능은 그 깊이를 알 수 없다.
동대문 시장의 가방들은 더 이상 시장 제품이 아니다.


오늘 경제신문엔 한국의 선글라스 업체인
젠틀몬스터에 대한 세계 최대의 명품 그룹인 루이뷔통,
LVMH의 투자가 무산될 것 같다는 보도가 있었다.
더 좋은 조건의 투자사들이 투자하고 싶어서
줄을 선다고 한다.
요즘 새로운 추출방법의 커피가 유행인데
콜드 브루(Cold Brew)라고 한다.

나는 그냥 더치(Dutch)식 커피보다 질소가 들어간
것을 좋아하는데 한국 사람이 만들었다고 한다.
질소 커피를 마셔도 되나?
더치커피는 네덜란드 커피를 일본에서 이름을 붙였다고 하는데
그래서 요구르트 아줌마에게서도 살 수 있나 보다.

아마 조만간 한국식 초콜릿도 나올 것 같고
한국 스타일의 빙과도 적어도 아시아 시장에서는 선풍적인 인기
를 끌 것 같다.

사실 하겐다즈 아이스크림은 독일이나 북유럽(스웨덴이나 핀란드)의
브랜드로 생각하기 쉽다.
움라우트 스펠링 때문에.
하지만 뉴욕 브롱크스에서 만들어진 것이고 폴란드계 유대 미국
인에 의해 만들어졌다.

한국의 기업은 최소 2류인데 정부는 3류라 한다. 3류가 2류를 가
르치려 한다는 오늘 아침 신문의 칼럼이 문득 생각난다.